成长的哲学课

自我与人生的思考

梁光耀 著

浙江人民出版社

图书在版编目（CIP）数据

浙江省版权局
著作权合同登记章
图字：11-2018-558号

成长的哲学课 ：自我与人生思考 / 梁光耀著.
— 杭州 ：浙江人民出版社，2021.5
ISBN 978-7-213-09773-7

Ⅰ.①成… Ⅱ.①梁… Ⅲ.①哲学-青少年读物
Ⅳ.①B-49

中国版本图书馆CIP数据核字(2020)第112275号

成长的哲学课 ：自我与人生的思考

梁光耀　著

出版发行	浙江人民出版社(杭州市体育场路347号　邮编　310006) 市场部电话：(0571)85061682　85176516
责任编辑	孙　婧　吴玲霞
营销编辑	陈雯怡　陈芊如
责任校对	陈　春
责任印务	程　琳
封面设计	朱　珺
电脑制版	杭州大漠照排印刷有限公司
印　　刷	杭州钱江彩色印务有限公司
开　　本	880毫米×1230毫米　1/32
印　　张	6.625
字　　数	140.4千字
插　　页	1
版　　次	2021年5月第1版
印　　次	2021年5月第1次印刷
书　　号	ISBN 978-7-213-09773-7
定　　价	36.00元

如发现印装质量问题，影响阅读，请与市场部联系调换。

前　言

本来是想写有关孔子思想的书，但编辑建议不如写一本给青少年读的哲学书，我当时的反应有点犹豫，心想青少年有兴趣吗？但更重要的是，他们真的懂吗？后来有朋友对我说，青少年也会思考哲学问题，哲学可以深有深写，浅有浅写。他的话也有些道理，于是我回顾了自己的中小学时代，尝试找一些跟哲学相关的问题或经历，其他青少年可能跟我一样，也有类似的经验。写作此书的主要目的，就是提供一些指引及个人见解，以作参考，也希望读者可以感受到智性上的乐趣。

本系列分两册，此册的重点在于探讨自我和终极的问题，涉及世界观和人生观等议题；下册则主要讨论跟他人和社会有关的问题，侧重于处世接物方面。此册有十二篇，有些关系比较密切，可分成三组，思考、学习、语言和时间一组，思考和学习都要通过语言，思考和学习都需要时间，而思考和学习两者也是相辅相成的，正如孔子所说："学而不思则罔，思而不学则殆。"另外，人生、自我、自由和善恶为一组，涉及自处之道，人要先有自由，才能定下人生目标，发展自我，但也要有一定程度的道德限制，所以亦需判断是非善恶；最后一组是死亡、自杀、宗教和恐惧，我们最大的恐惧就是对死亡的恐惧，自杀的结果正是死亡，而宗教则是死亡的专家，告知死后的去向。

梁光耀

2016 年 12 月 7 日

目录

思考

我就是我的思想，每个人都会成为他思考的存在。

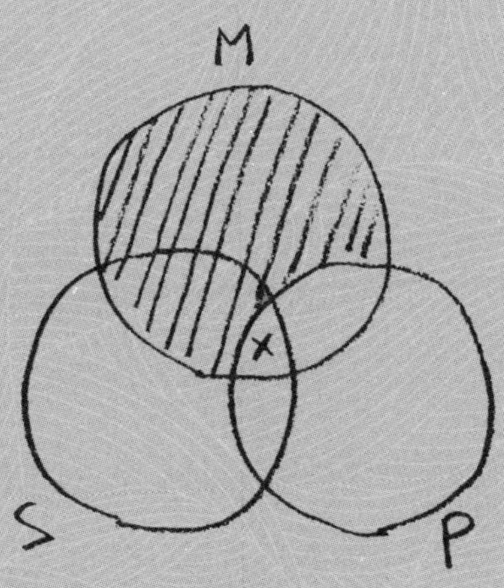

记得读小学五年级时，有一位黄同学很认真地对我说：“人人都是自私的，不是吗？每个人其实都想考第一。”当时我感到很困惑，的确大家都想考第一，人人都是为了自己，但又好像不是每个人都是自私的。

如果我们能够厘清“自私”这个概念，那就可以消除以上的困惑。根据一般的用法，自私是指损人利己的行为，或者是只顾自己的利益而不理会他人的死活，人人都是为了自己不过是自利，但自利不一定是自私。黄同学不自觉地改变了自私的意思，犯了“概念扭曲”的语害。小学时另一个困扰我的问题也是跟字词的意义不清有关，当时我住在公共屋村，第一层楼叫作地下，第二层楼就是二楼，但学校的第二层楼却是一楼；换言之，二楼在我所住的大厦即是第二层楼，而在学校则是指第三层楼，后来才知道只是中西文化叫法的不同，也可以说这是歧义，即同一个词有多过一个以上的意思，困惑也随之消除。

语　害

语害是由李天命先生提出来，是指有害正确思考的言辞，共有三大类，每个再细分为两小类。

语　害	定　义		分　类
言辞空废	真，但是多余	▷	绝对空废（空废命题） 相对空废
语意暧昧	意义不明	▷	语意虚浮（轻微者） 语意错乱（严重者）
概念滑转	在不同意思之间游走	▷	概念混淆 概念扭曲

厘清是思考的第一步

其实人生中很多困惑都是源于语意不清，只要澄清有关字词的意义就可解决。当然，亦有不少问题不是单凭厘清意义就可解答，但厘清意义却是解答问题的第一步，例如“人生有什么意义”这个问题。很多人以为这个问题很深奥，原因可能就是根本不明白这个问题的意思，又或者是这个问题有好几个意思，容易令我们在这些不同意思之间游走，以致思考混乱，这正是语意不清所造成的困扰。由此可见，思考的一个要点就是清晰。

善于厘清关键的概念，将大大提升思考的能力。不过，一般来说，表达意义的基本单位是语句，不是字词或概念，纵使语句是由字词所组成。语句有着不同种类的意义，对批判思考来说，最重要的是认知意义，即具有真假可言的语句，也称为判断，分为三类：分析判断、事实判断、价值判断。分析判断单凭分析语句的意思就可判定其真假，无须验证，例如“红花是红色的”；事实判断的真假要诉诸观察、研究或调查，例如“金属遇热会膨胀”；至于价值判断，则必须提出理由来支持或反对，不单单取决于经验证据，例如“安乐死应该合法”。

明白了判断的三分法之后，就容易知道用什么方法来判定语句的真假，不会浪费时间，也不会混淆不同的判断，以致思考混乱。如果分析真句冒充事实判断的话，那就是“空废命题”，犯了“绝对空废”的语害，例如天气预报说：“明天下雨或者不下雨。”天气预报本应有经验内容，但这句话明显是分析真句，毫无信息可言。有时我们也容易混淆事实判断和价值判断，例如“人有人权”，貌似是事实判断，实质乃价值判断，真正的意思是“人应该有人权”，没有任何经验证据可以证明其为真，我们必须提出理由来支持，如“为了保障人的尊严”。

判断三分法

▷	分析判断	例子：阿妈是女人
▷	事实判断	例子：太阳由东方升起
▷	价值判断	例子：偷窃是错误的

推论是思考的主体

厘清概念、澄清判断固然重要，不过，推论才是思考的主体。其实我们每天都在进行数不清的推论，只是不自觉而已。推论是一种心理活动，如果用语言或文字呈现出来的话，就是论证，论证由前提和结论所组成，从前提推出结论就是推论，而研究论证的学科叫作“逻辑”。狭义的逻辑是指演绎法，广义的逻辑则包括归纳法。演绎法涉及必然性的推论，如果前提为真，结论必然为真。例如：“所有金属都是导电体，铜是金属，因此铜是导电体。”归纳法涉及概然性的推论，如果前提为真，结论很有可能为真，但并非必然为真。例如：“大部分癌症晚期患者都活不过五年，A 是癌症晚期患者，所以

A 很有可能活不过五年。”明白了演绎和归纳的分别，对提升思考能力会有很大的帮助，也容易识别错误的推论。

所谓错误推论是指前提推不出结论，并不是说前提为假，很多人会将这两点混淆，并且倾向先判定前提的真假，反而少注意前提和结论的关系，有些人还以为若前提为真，结论就必定成立。评价论证时，要将这两步区分清楚，第一步是判断论证的强度，即前提对结论的支持程度，暂时不需理会前提的真假，我们先假设前提为真，然后看前提对结论的支持程度；第二步才判定前提的真假。这样做有两个好处，第一是避免以上先判断前提真假所产生的问题；第二是若发觉前提不足以支持结论的话，也用不着进行第二步，这样可以节省不少时间，因为有时判定前提的真假要花很大的功夫。

如何评价论证

前提←真/假

▽ ←强度

结论

错误的推论主要有两种情况，一种是前提跟结论不相关，完全不能支持结论；另一种是前提跟结论有相关性，但不足以支持结论。很多错误的推论都可归入谬误，谬误即不正确的思考方式，例如之前提到的歧义就容易引致错误的推论，那是混淆了字词的不同意思。例如：“烹饪是一种艺术，艺术是艺术史家研究的对象；因此，烹饪是艺术史家研究的对象。”这个推论看似合理，但明显是错误的，这是因为艺术有两个不同的意思，第一个前提的艺术是指一种需要想象力和创造力的技巧，第二个前提的艺术则是指艺术品，以为它

们是同一个意思就会导致错误的推论。

思方学的重要

人类作为万物之灵，其中一个独特之处就是我们懂得思考，正如法国哲学家帕斯卡(Blaise Pascal)所说："思考使人出类拔萃。"人类虽然如芦苇般脆弱，却是会思考的芦苇。但思考要清晰，推论要正确，还是有法可循，需要学习，这门学问叫作"思考方法"，简称"思方学"。思方学就是研究正确思考方法的学问，主要是批判思考，也

思方学架构

思方学是由李天命先生所确立，有五个环节。批判思考比创意思考更加基本，因为批判思考涉及是非真假的判定，对生存来说是至关重要的；而不懂创新，毫无创意，生活不过是贫乏一些。在批判思考的四个方法之中，以语理分析为先行条件，因为若我们未先弄清楚言论或问题的意思，又怎能运用其他方法做进一步的处理呢？

方法		类别		说明
语理分析	▷	批判思考	▷	厘清概念，界定问题，澄清判断和论证
逻辑方法				即演绎法，处理必然性的推论
科学方法				即归纳法，处理概然性的推论
谬误剖析				判定错误的思考方式
		创意思考	▷	带来创新的思考方法

包括创意思考。批判思考即是清晰和理性的思考，对于学习任何学科，甚至解决任何问题都有基本的重要性。批判思考也是科学和民主的基础，对现代社会来说，理应是教育的主要目标。科学重视理性和经验，而在民主自由的社会，大家难免有不同的意见，要别人接受自己的主张，就需要用说理的方式。当然，有时我们需要运用创意思考，提出新的意念来解决问题，但也需要批判思考来评价和改善意念。

记得笔者读中学的时候，教育局流行讲“批判思考”，但对于何谓批判思考却语焉不详；现在由于经济转型，政府又强调“创意思考”，可惜的是，有些领导也分不清什么是创新、什么是创意，竟然将创新局限于科技，说设计只有创意，没有创新，坊间更胡乱鼓吹如“听音乐学创意”之类的方法，轻视知识的学习。虽然对于什么是批判思考和创意思考有着不同的定义，但思考方法有其普遍的意义，无论那些理论怎样界定批判思考，只要犯了语害和谬误，也必遭批判。

思考三式

李天命先生所讲的思考三式是用来概括思方学的要点，思考三式是三个问式，善于运用这三个问式，将大大提高我们思考的能力。

厘清式	X是什么意思？	对应语理分析
辨理式	X有什么理据？	对应逻辑方法、科学方法
开拓式	关于X，有什么值得考虑的可能性？	对应创意思考

批判思考中最具实用性的就是“语害批判”和“谬误批判”，语害是指对确当思考有害的言辞，而谬误则是错误的思考方式；后者是

错误，前者不一定是错误。“意义暧昧”这种语害的问题是语意不明，意思尚未清楚，无所谓正确或错误。例如医生说：“你身体有某些毛病。”医生的职责是诊断病人有什么具体的疾病，这种含混的说法就是意义暧昧。至于“言辞空废”这种语害，其问题在于所说之话虽为真，却是多余的。例如，某社会研究调查说：“阿妈是女人。”这句话必然为真，但却欠缺经验内容。又如“自私”这个例子，有些人甚至将它扭曲为“舍己为人也是自私的，因为他们不过是为了满足自己要帮人的欲望”，那就是将“所有人是自私”这句话变成了“空废命题”，必然为真，却是废话。

不过，语害和谬误不一定互相排斥，例如前面所讲的歧义谬误，是混淆了字词的不同意思而导致错误的推论，所以亦可以解释为“概念混淆”的语害。既然谬误是“错误的思考方式”，识别谬误自然就可以改正错误的思维，提升思考的能力。值得一提的是，很多人误解了谬误的意思，将知识上的常见错误当成是谬误，例如所谓“艾滋病的十大谬误”，不过是一般人对艾滋病的误解。但很明显，知识上的错误并非思维上的错误。

谬误有很多种类，在这里当然没法一一说明，我只能提出谬误的分类架构，及简单介绍几个常见的谬误。在众多谬误的分类架构中，我认为以李天命先生的“四不架构”最为实用，李先生将谬误分为四大类：不一致、不相干、不充分、不当预设。其中，第二和第三类大多是错误的推论，不相干是指前提对结论毫无支持，不充分是指前提不能充分支持结论。这四类谬误的严重性依次递减，判定时可按顺序检查，甚为简单易用。

四不架构

谬误	▷	不一致	例如:自相矛盾
		不相干	例如:诉诸人身
		不充分	例如:诉诸无知
		不当预设	例如:预设结论

我认为,最本能的谬误应是“诉诸人身”,看看小孩子争论就会发现,最终都会牵涉对方的人身因素。一般来说,说话成立与否跟说话者的自身因素是不相干的。诉诸人身多是攻击对方的自身因素,如种族、阶级、出身、性别、人品和动机等,把这些当作攻击其言论的根据,例如:“他是同性恋者,所以他的话根本不需要理会。”所以又称为“人身攻击的谬误”。但要注意的是,“人身攻击”不同于“人身攻击的谬误”,不少人会将两者混淆,至于人身攻击是否妥当,就不在此讨论。

另一种常见的谬误是“离题”,赤裸裸的离题很容易被人发现,所以离题也要讲求技巧,常见的手法是利用诉诸人身来离题,例如被人批评时,就说对方心怀不轨,将视线转移到对方是否有此动机,避开了有关的批评。还有一种常见的手法,就是扩大对方的论点而加以攻击,例如,记者问:“政府为什么不能解决市民的住房问题?”政府官员回答:“世事并不完美,政府不能够帮助每一位市民置业。”要留意这句开场白“世事并不完美”,接下来的话往往就是离题。

为回避问题,很多政府官员都“善于”离题。而政府官员的另一种常犯谬误则是“预设结论”,结论是有待证明的,预设其为真明显是不妥当的,所以归类为不当预设的谬误。例如有人问政府官员:

“为什么失业率这么高?”官员则回答:“因为很多人找不到工作。”前提不过是换了些字眼,所表达的意思其实跟结论一样,这样答了等于没答,可视之为“废答”。

坊间很多讲思考方法的书,其实都不是真正意义上的思考方法,例如说批判思考要有怀疑精神,怀疑是一种态度,并不是思考方法。又如,已故著名填词人黄霑先生在其“创意与创造力”的讲座中,就混淆了带来创意的“方法”和“思考上的方法”。比如说轻松有助于创意的出现,但这是态度,并不是思考方法;至于 brain storming(头脑风暴)和 mind map(思维导图)等方法也非思考方法,而是做事的程序。产生创意的思考方法只有两种,一种是组合法,另一种是转换法。

重反省与发展的积极思考

另外,有一种叫作“积极思考”,它讲的方法亦不是真正意义上的思考方法,而是心态,又或者可称它为“思考方向”,简单来说,就是凡事往好的方面想,并据此采取行动。但别看轻积极思考,学习思考方法只能令思考清晰,懂得批判思考和创造思考的原理;但对达到成功和幸福来说,反而跟积极思考有直接的关系。批判思考关乎于脑,讲求思考能力;积极思考则系于心,涉及的是乐观、勇气、宽宏等心态。

积极思考的创始者是20世纪初的美国人诺曼·文森特(Noman Vincent)，其后各家都有不尽相同的说法。当然，我们无法在这里详细讨论这些不同派别的内容，只能讲一讲我认为重要的地方。跟积极思考相反的就是消极思考，例如凡事担忧、恐惧、悲观，总往差的方面想，害怕失败而不做尝试。但积极思考不是一味的乐观，不处理困难、失败和挫折。其实我们需要先克服消极思考对我们的影响，这些消极思考的种子，早在我们小时候就经由父母、朋友，甚至师长说的话，埋于我们的心里，甚至深入潜意识层面，它是如此的根深蒂固。例如有人常会担忧未来，但其实大部分我们所担忧的事都不会发生。很多担忧和恐惧是源于对真相不了解，例如，以为跟艾滋病患者握手就会被传染，所以认知真相对消除担忧和恐惧有帮助，而寻找事物的真相则跟批判思考有关。

又如，有人以为会考失败就是人生的末日，这也是缺乏对自己和周遭情况的客观了解。要注意的是，一些表面上看似积极进取的行为，背后其实也隐藏着消极的思想。举个例子，“怪兽家长”认为只有读到名牌幼儿园，才能入读名牌小学；读了名牌小学，才能入读名牌中学；读了名牌中学，才能入读名牌大学；读了名牌大学，毕业后才能找到高薪厚职，一世无忧。这固然是犯了“滑落斜坡”的谬误，但亦隐藏着消极思想，就是进不了名牌幼儿园，人生就会玩完。

勇气很重要，勇气能消除很多跟胆怯和懦弱有关的恐惧。勇气也是我们面对失败和挫折的力量，不怨天尤人，从逆境和挫折中学习，以失败的经验为踏脚石，继续尝试。爱迪生经历了多次实验失败才发明了电灯泡，正是一个很好的例子。除了勇气之外，乐观的性格也是其制胜的原因，爱迪生将失败视为发现，也就是发现了很多不成功的方法。值得一提的是，有医学证据显示，消极的想法如忧虑和恐惧会影响健康；相反，积极的想法会令人心情愉快，增强人体的免疫系统。

积极思考的极致就是凡事皆为学习的对象，碰到良师益友自然是好事，即使遇到讨厌的人，也可以作为反面教材来学习。为人积极、乐观，就会尽量想办法来解决问题，即使碰到对立的价值观，也会尝试发掘第三种可能性，这又跟创意思考有关。从失败中学习，反省自己的不足，这可称为“反省思考”；谋求创新发展，寻找更多的可能性，这可称为“发展思考”，积极思考正包含反省和发展两个方面。

积极思考 VS 思考方法

积极思考包含反省和发展两个方面，批判思考有助反省，而创意思考则有利发展。

有利

积极思考	反省思考 发展思考	◁ ◁	批判思考 创意思考	思考方法

积极思考能帮助我们成功，但如何订立人生目标则需要另一种思考，那就是对人生做通盘的思考，根据自己的兴趣、性格、能力来判定自己的人生目标。思考的奇妙之处在于我们会成为自己所思考的存在。当然，我不是说我们想成为什么就立刻会实现，实现是需要时间的。也许可以借用存在主义来加以说明，存在主义的口号是“存在先于本质”，我们先存在，然后通过选择、创造价值，成为更具独特性的自己，我们需要的就是思考自己成为什么样的存在，创

造自己的本质。人生思考实在太重要，会在《人生》这篇再做讨论。

学会了批判思考，我们就能思考得清晰、严谨和合理，在这个基础上，对人生做整体的思考，定下自己的目标，然后运用积极思考来完成它。

关键词再思考	语害　谬误　判断三分法　论证　思方学 批判思考　创意思考　积极思考
相关篇章	《学习》《语言》《时间》《人生》

著名雕塑家罗丹(**Auguste Rodin**) 有一件作品叫《沉思者》(***The Thinker***), 很多哲学书都喜欢用它做封面, 渐渐地它就代表了哲学家的形象。然而, 亦有人用这个形象来嘲笑哲学家, 说哲学家永远只想不做。然而, 思考确实需要时间, 现代人的通病就是要"快", 但对思考来说, 质素才是首要的。

《沉思者》(1902)

作者:罗丹
原作物料:铜铸

学习

知是一种喜悦，但只有
通过学习才有所得。

虽然我小学的成绩算是不错，但其实我的学习方法很有问题，我属于“临时抱佛脚”类型，那就是平时没有好好温习，到考试来临前才开始读书，而且是用死记硬背的方法，考试一结束几乎所有东西都忘记了；更糟的是，老师跟我们对试卷时，因为害怕面对错误，没有用心去听，那就又错过了改进的机会。

上了中学之后，我这种只管背书、不求甚解的学习方式就不管用了，结果成绩渐渐走下坡，当然也谈不上有什么学习的乐趣。以前的人认为学问好就是博闻强记，但在资讯爆炸的今天，记忆可以交给电脑，重要的是如何运用资料。不过，背诵不一定是错，要看背诵什么，优美的诗词和文章就不妨多加背诵，背诵也可以看作是一种学习方式。考试也不一定不好，要看考试的内容和形式，究竟要考核什么。

现在的学生十分辛苦，小小年纪就要背上一个可能比他本人还重的书包，下课后又要学东学西，为什么呢？因为要赢在起跑线上。听说有一对父母为了让女儿将来成为医生，除了请相士为她取一个有利于做医生的名字之外，还选定吉时剖腹产女，更不惜成本，入读最好的幼儿园，申请入读这所幼儿园竟需要知名人士写推荐信呢！求学之难，由此可见。但小小年纪就要承受很大的学习压力，这样真的有利于学习吗？

这也难怪，现代社会是一个知识型的社会，也是一个竞争激烈的社会，我们必须花很长的时间学习知识，才能在社会上谋生；不同于传统的农业社会，即使不识一字，当一个农夫也可以生存。然而，学习的目的仅仅是为了谋生吗？不少学生的可悲之处在于学习为了考试，考试为了升学，以为有高学历就可以找到高薪厚职，盲目追求学历，不但浪费资源，更会造成人才错配的问题。

教与学

“教”和“学”这两个字的概念十分相近，但教一定蕴含学吗？有时老师明明是教了，但学生却说一点东西都学不到。我认为学习比教育广泛，因为我们可以自己学习，也可以在学校之外继续学习，学习不受时空所限，可以随时随地进行，现在不是要提倡终身学习吗？教育固然有很多问题，也不是短时间就可以解决的，但相对于正规的教育来说，在学习上个人其实有很大的自主性。当代教育哲学家约翰·杜威(John Dewey)就特别强调，在学习的过程中，学生要有主动性，甚至自己订立学习的目标。很多人离开了学校就不再学习，即使学习，也多是为了工作关系，此之谓“增值”。但我认为，离开了学校，真正的学习才开始；因为学校的教育大部分是被动的学习，你想成为一个怎样的人，你的理想工作是什么，主要是你自己决定的，前者跟品德有关，后者与能力相干。无论是品德或能力，都要通过学习才有所成。当然，学校教育仍有其重要的功能，那就是让学生获取学习的能力，掌握学习的方法，培养学习的兴趣。

苏格拉底也十分强调学习要靠自己，老师不过是从旁协助，他将老师的角色比喻为“心灵的助产士”。苏格拉底要求学生主动提问题，但不会直接给予答案，而是通过对话和辩论，让学生思考，由学生自己讲出答案，或者使学生明白自己的错误所在。这种教学方法的好处是学生对问题和答案都会有深刻的印象，因为这是由他自己思考所得。

教育、学习、上课、训练

教育是一个受操控的过程，指向一个明确的目标，可以看成是一种特殊的学习。上课也不过是教育的一种，不妨将上课理解为形式化的教育。至于训练，虽然也涉及知识的传授，但似乎不需要太多智性上的理解，它重视操作性，可以说是一种特定目标的教育。

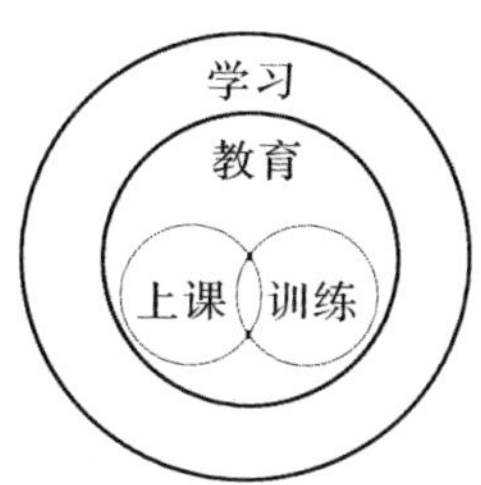

孔子的为学之道

讲到学习，当然不得不提“学问之神”孔子，作为万世师表的孔子，应该可以给予我们学习上很大的启发。《论语》的第一句话就是“学而时习之，不亦说乎”，究竟是什么意思呢？一般的解释是“学了的东西要经常温习，这就会带来快乐（说即是悦）”，相信很多学生都不会同意这种解释，至少对我来说，经常温习是痛苦的，并不快乐。我认为，较为合理的解释是“学了的东西要在适当的时候实习，这就会带来快乐”，“时”是适时，“习”是实习，将所学的知识加以实践，一来可以印证其真伪,二来可以通过练习得以进步,这就可以感受到个人提升的快乐。学习应该是愉快的,正如孔子所说:“知之者不如好之者,好之者不如乐之者。”拥有知识不如爱好知识,爱好知识又不如从知识得到乐趣。

学习的态度

学习方法也可包括学习的态度,孔子提到以下两个重点。

不愤不启,不悱不发	这也涉及教育的方法,老师在启发学生之前先要令他发愤,要他自发学习之前先要引起他的怀疑,这样才会产生求知欲
学如不及,犹恐失之	学习要永远觉得不够,那才有改进的空间;正所谓“学如逆水行舟,不进则退”

孔子15岁有志于学,终其一生都不断学习,孔子的好学是出了名的,“十室之邑,必有忠信如丘者焉,不如丘之好学也”,就是孔子对自己的评价,意思是10个住户中一定有像孔子般忠信的人,却没有像他这样好学的人,“学不厌”正是孔子的特质。孔子还说:“敏而好学,不耻下问。”谁有本事,孔子就会向谁请教。孔子也善于向不同的人学习,此所谓:“三人行,必有我师焉;择其善者而从之,其不善者而改之。”即使是不善之人,也可以提供反面教材。学习除了要勤力之外,思考也很重要,孔子也说:“学而不思则罔,思而不学则殆。”学而不思,没有融会贯通,只会死读书,越读越糊涂,没有什么用;但思而不学也不行,个人的经验有限,只据此而思考的话,会容易自以为是,也是很危险的。

为学四戒

除了强调有助于学习的正面因素之外，孔子也谈到为学的四种毛病。

毋意	"意"就是凭空臆测，毫无根据；毋意就是要注意判断的根据，是否相关和充分
毋必	"必"就是绝对肯定，不知变通；毋必提醒我们还有其他可能性
毋固	"固"就是固执己见，死心眼；毋固教育我们若发现有更好的见解时，即要放弃己见
毋我	"我"就是自我中心，只从自己的角度看事物；毋我要我们从其他人的角度看事情，这样才能客观持平

我们可以将孔子的学习方法总结为三点，那就是闻、思、行，即好学、深思、实践。孔子认为，朋友对于学习也很重要，但要懂得分辨益友和损友，益友是友直（正直）、友谅（守信）、友多闻（学识广博）。孔子的后学荀子也十分重视学习，他认为学习有两个重点，一是培养思辨和贯通的能力；二是师法，以具体的楷模为学习对象。

《中庸》论学习

《中庸》可以说是先秦儒家思想的一个总结，学习方面可以归纳为五个要点："博学之，审问之，慎思之，明辨之，笃行之。"

博学是广泛学习	知
审问是深入研究	
慎思是认真思考	
明辨是分辨清楚	
笃行是努力实践	行

孔子所讲的学习方法，即使在今天仍然有效；相比之下，他主张

的学习内容就显得过时了，不过我们仍可发掘其普遍意义。孔子的教学内容是“五经六艺”，“五经”就是《诗》《书》《易》《礼》《乐》这五部经典，而“六艺”则是礼、乐、射、御、书、数这六种技能，礼是礼仪、乐是音乐、射是射箭、御是驾车、书是书写、数是计数。用现代的标准，《诗》约莫是文学，《书》是历史，《易》是哲学，《礼》是社会规范，《乐》则是音乐艺术，都属于人文学科，孔子似乎轻视自然科学、工艺技术、农耕商贸等学科。有一次，孔子的学生樊迟请教他农耕种菜之事，孔子说自己不如有经验的老农和老圃，樊迟离开之后，孔子就在其他学生面前骂他“小人”。孔子认为上位者如能好礼、义、信，以身作则，人民自然会服从用命，人心归附，哪怕没有人替你种田呢？孔子讲的是思想文化、领导之学，认为这才是根本重要。

孔子之学 VS 墨子之学

在先秦时期，儒家和墨家是两个对立的学派，他们不但思想不同，就连学习的知识也有很大的差异。孔子之学可分为四大科，跟工匠出身的墨子所教授的科目，形成很大的对比。

孔子之学	墨子之学
教授：德行、言语、政事、文学	教授：谈辩、说书、从事
（主要是人文科学）	（包括宗教哲学、逻辑论辩、自然科学和社会科学）

孔子说：“古之学者为己，今之学者为人。”学习是为了提升自己的道德学问，不是为了父母，也不只是为了生活，正所谓“君子谋道不谋食，君子忧道不忧贫”，由此看来，后来所谓“万般皆下品，唯有读书高”“扬名声，显父母”“书中自有黄金屋，书中自有颜如玉”之类

的话，完全偏离了孔子的原意，孔子有知，不亦悲乎！不过，孔子认为读书的目的还是为了当官，但当官不是为了名声、权位和利益，而是要做出有利于人民的事。对孔子来说，学习是为了成为君子，有道德修养、学问才干，那就有资格当官，将自己所学贡献出来，造福百姓。

孔子所讲的学习目的和学习内容有其时代局限性，特别是现代多元化的社会，做官不见得是学习的主要目的，人文学科也不见得会比自然学科更重要。不过，我们可以发掘孔子之说的普遍意义，就学习目的来讲，道德修养本身就有其普遍意义；当然，不是人人都可以从政，但从政也有其广义，每家公司都需要有领导人，人文学科能扩宽人的视野，而领导者或从政者必须是通才。正所谓“君子不器”，器是器皿，有特定的功能，在这里用来指称专才，“不器”就是不要成为专才。此外，要贡献社会不一定要当官，从事贸易、科研、教育也可以贡献社会。我们可以将孔子的学习目的重新解释为两个重点：令自己在品德上更优秀；将自己所学贡献社会，为他人带来幸福。

自我实现是教育的目标？

儒家很有积极进取的精神，但道家就似乎较为轻视学习，老子说：“为学日增，为道日损。”学习虽然能够累积知识，但跟得道没有关系。但老子也有一句话叫作“自知者明”，那不是暗示最重要的知识就是了解自己吗？庄子似乎更极端，不但轻视知识，甚至视书本为糟粕。他还说："吾生也有涯，而知也无涯，以有涯随无涯，殆矣。"意思是无穷地追求知识只会浪费生命。然而，庄子本人其实十分好学，根据《史记》所载，庄子是"其学无所不窥"，几乎什么书都看，但为什么他说书是糟粕呢？庄子用了一个做轮子的寓言来说明实践的重要性，否则书上所载的只是糟粕而已。同理，如果我们只是死记硬背，不求甚解，只为考试过关，拿取文凭，那么所学的也是糟粕，因为学习要理解和实践，并用心体会，这样才有真正的价值。表面上儒家十分重视学习，但却偏重道德和政治的实践性知识，轻视了科学和实用性的知识。反而是道家的心胸较广阔，道无所不在，知识也无所不在，古代中国的化学知识就是来自道家的炼丹术。值得一提的是，道家十分重视人的个性和自由，由此也可发展出一套有异于儒家的学习理论，那就是主张学习自由的路线，应该顺着孩子的本性，不要设太多人为的规限，而学习的主要目的就是要摆脱无知，使人变得自由和独立。

道家强调自由和个性的思想有点像卢梭（Jean-Jacques Rousseau）的自然主义，卢梭是18世纪的重要思想家，他所写的《爱弥儿》（*Émile*）正是有关教育的名著，主张以儿童为本，回归自然。所谓以儿童为本就是针对当时以成人为本、强迫性和灌输性的教学方式，卢梭认为学习应该是愉快的，这样才可以引发学习的动机；回归自然除了指在自然环境中学习之外，也指尽量减少人为的干预，例如不要体罚。简单来说，就是顺其自然，顺着学生的本性来施教，帮助学生发掘自己的潜能。

我们可以将卢梭的这种学习目的称为"自我实现"，跟升学主义和精英主义有着潜在的冲突，而升学主义和精英主义则跟资本主义有着密切的关系。资本主义的目标就是追求利润，所以它强调的是效率，重视的是工具理性；从资本主义的目标来看，教育就是为了训练学生具备市场上所需要的劳动力，包括各层级职位要求的知识和技能。学校就像一个淘汰场，只有合适的人才可以接受更高一层的教育，而所谓精英主义，不过是这种经济制度的反映。用马克思的说法，就是将劳动力商品化，在这种教育目标下，人的价值被量化为考试成绩及证书文凭，学习过程也被单一化，要在短时间内考取好成绩，灌输性的学习是最有效的方法。为了应付考试，学生接受长时间的机械性训练，思维变得单向，过分操练令学生缺乏创造性，害怕犯错也令他们丧失尝试的勇气；然而，现代社会的领导人最需要的就是创造力和勇气。

我以前读书还有一个问题，就是只管读书，很少参与课外活动，也没有加入什么社团，现在回想起来，的确有些遗憾，因为这些活动可以帮助我们扩展兴趣，提供学习的经验，学习其实无处不在。参加球类活动还有一个好处，就是让大脑休息，而且有足够的体力，才可以继续不断学习。当然，年轻的时候不太注意这方面，因为年轻人本身就是精力充沛，上了年纪的人要不断学习，就得多做运动。柏拉图（Plato）主张的小学教育就是以音乐和体育为主，使身心健康和谐，的确很有见地。

何谓知识?

当然,学习还是以知识为主,知识论是研究知识的学问,基本问题正是“知识是什么?”苏格拉底早就给出一个颇为妥当的定义:知识就是有理据的真实信念。根据这个定义,知识由三个必要条件所组成,它们分别是理据、真和信念,第二个条件很明显,真是必要的,假的就没有资格称为知识,例如古代人以为“太阳是环绕地球而转动”。至于第三个条件信念,试想有人说:“我知道这是真的,但我并不相信。”这不是自相矛盾吗?比方我相信 p 是真,并且 p 是真,但这仍不算知识,比方说赌徒总相信自己会赢钱,而当他真的赢钱时,我们可以说他知道自己会赢钱吗?知识还需要一个条件,那就是理据,当代哲学家对于这个条件十分有兴趣,有不少深入的讨论。但在这里我所关心的是第二个条件,什么是真理?有三种理论回答这个问题:对应论、融贯论和实效论。

“知道”的三种意思

是什么?	例如,知道地球绕着太阳转
为什么?	例如,知道地球绕着太阳转是由于万有引力
怎样做?	例如,知道如何游泳

对应论认为,一句话为真是由于它符合事实,例如“雪是白色的”这句话是真,因为事实上雪的确是白色的。对应论很合乎我们的常识,但也有其问题,数学的真理和道德的真理就没有对应的经验事实,例如“1 + 1 = 2”和“杀人是不道德的”。融贯论认为,一句

话为真是由于它跟其他真的语句一致(没有逻辑矛盾),并且互相支持,但问题是,一个谎言也可以跟其他真的语句保持一致。实效论认为,一句话为真是由于它有效用,例如科学知识有用,因此它是真的,但其问题跟融贯论一样,虽然真即有用,但有用的不一定是真的。不过,实效论正主张真理是相对的,有用的就是真,没有用的就是假,以前有用的就是知识,现在没有用的就不是知识,知识是用来解决问题的,它只是暂时性的。

我大致同意对应论对真理的定义,不过只限于经验性知识,至于融贯论和实效论,则提供判断知识的标准,特别是对于非依靠直接经验得知的东西。至于非经验性的知识,如逻辑和数学,其证明根据在于我们的理性,例如,"1+1=2""A 是 A",可称之为"分析性知识",以别于物理和化学等"经验性知识"。分析性知识虽然并不告知我们这个世界的状况,但能提供思考的法则,是我们建立经验性知识的必要工具。经验性知识也有不同的层次,有些比较具体,例如"氰化钾有毒"和"金属是导电体";有些则十分抽象,更具普遍的意义,例如自由落体定律"$s=1/2gt^2$"和能量守恒定律"$E=mc^2$",这类普遍定律要用数学公式来表达,事实上,数学的发展和应用对 17 世纪出现的现代科学有决定性的影响。有了这些普遍性的知识,我们就可以对自然现象进行预测,避害解困,又可以利用这些知识发展科技,改善人类的生活,这正是"知识是力量"的其中一个意思。

不过,在社会科学和历史这些知识中,却找不到跟自然科学相提并论的定律,即使是最接近自然科学的经济学,也难以预测股市的涨跌。虽然社会科学和历史的知识欠缺自然科学的预测性,但它们有着另一种性质,可称为“解释性”。举个例子,“秦始皇统一六国”属于经验性知识,但要说明“秦为什么能够统一六国”就可以有多个解释。虽然没有唯一客观的解释,但可以比较各种解释的合理性。“解释性知识”的价值在于帮助我们了解自己所身处的社会和历史,继而有助于了解自己。

关键词再思考	教育　好学　深思　实践　工具理性　知识　真理
相关篇章	《思考》《语言》《时间》

阿尔金波尔多(Giuseppe Arcimboldo)是文艺复兴后期的画家,他擅于用不同类别的事物来组合成"人像画",有些画用水果,有些画用鲜花,而这张名为《图书管理员》(*The Librarian*)的画则是用书本,给人一种怪诞美。将书本化作人,是想表达知识的内化,还是说读书使人变成"蛀书虫"呢?

《图书管理员》(1566)

作者:阿尔金波尔多
原作物料:油彩
尺寸:97cm×71cm

语言

意义才是实在，语言不过是工具，但别看轻工具。

小学时我最喜欢的是语文课，对语文老师也特别有亲切感，很多课文到现在我还记得十分清楚，例如有一课讲主人和客人的对答，大家都用了同一句话“下雨天留客天留我不留”，却表达出两个不同的意思。客人问的是：“下雨天，留客天，留我不留？”而主人的回答则是：“下雨，天留客，天留我不留。”

可惜的是，老师没有进一步解释语言的特性。以上那句话之所以有两个解释，是语法结构造成的，称为“语法歧义”。中国的古文没有标点符号，因此断句就变成了一门学问，不同的断句可产生不同的意义，例如孔子有一句话：“民可使由之不可使知之。”这句话至少有两种读法，一个是“民可使由之，不可使知之”，另一个是“民可使，由之，不可使，知之”。批评孔子是封闭保守的人，就喜欢采用第一种读法，将它解释为“要令民众服从去做，不可以让他们了解为什么要这样做”；而认为孔子是开明民主的人，就喜欢采用第二种读法，将它解释为“民众可以自己做事，就让他们自己来；民众不懂怎样做的话，就要给他们说明道理”。

别以为语法歧义只出现于古文，现代的白话文一样有，例如，“她喜欢工作多过她的男朋友”，一个解释是“她喜欢工作多过喜欢她的男朋友”，另一个解释则是“她喜欢工作多过她男朋友喜欢工作”。

语言的意义

我们从出生开始就学习语言，运用语言来思考，通过语言来学习其他知识，借助语言来互相沟通。我们好像十分熟悉语言，但其实我们对于语言的性质并不十分了解，比如说：“什么是语言的意义呢？”很多人认为语言的意义就在于它指代的东西，例如，“苹果”这个字词的意义就是它代表苹果这种东西；那么，如果两个字词所指的东西是一样的话，它们的意义应该相同，但事实并非如此。例如“启明星”和“长庚星”这两个词，它们指谓的对象相同，都是太白星，即金星，但表达的意义却不一样，启明星的意思是“早晨最明亮的星”，而长庚星的意思则是“傍晚最明亮的星”。

指谓与意含

有些字词的意义可以从指谓和意含两个方面来了解，两个字词的意含相同则指谓相同，而指谓相同意含却不一定相同。

意义	指谓	字词所指代的事物
	意含	字词的意思

当然，不同的字词也可以有相同的意义，例如“王老五”和“单身汉”，意思都是未婚的男性。相反，同一个字词也可以有不同的意思，例如“自由”，一个意思是不受任何外在的人为限制，另一个意思则是不被任何原因所决定，这就是歧义。在《思考》那一篇我们已讨论过歧义如何导致思考混乱。或许有人认为，如果每一个字词都只有一个意思，那不就可以消除误解和混乱吗？但这是不可行的，因为首先我们的语言将会无限地膨胀，每一种新事物都需要发明一个新的字词，根本不利于学习和运用。即使我们真的办得到，也不可能消除歧义，因为字词除了指谓事物之外，还可以指称自身，例如“狗”，既指谓狗这种事物，也指称这个字本身。况且，我们还有语法歧义，一句话有多种解释有时是源于语法结构，而不一定是字词的歧义所造成的。

如果字词的意义是它所指代的事物，那么语句的意义就在于指代事件；换言之，语言的功能就是用来描述这个世界，有人认为这正是语言的本质，例如中世纪神学家奥古斯丁(Saint Augustine)就主张语言是世界的图像。

语言图像

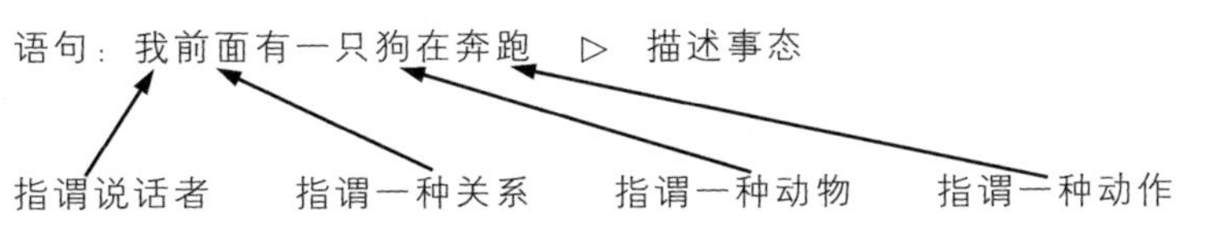

奥地利的维特根斯坦(Ludwig Wittgenstein)是20世纪初最重要的哲学家之一，也是英美分析哲学的奠基人，他早期认同语言图像理论。不过，后期的维特根斯坦认为，语言根本没有本质，语言有着不同的意义或用法，既有认知意义，例如用来描述世界，报告事实；也有非认知意义，例如用来抒发情感、下达命令、请求和询问等，维特根斯坦称之为语言游戏。语言就好像不同的游戏，有着不同的规则，同一个字，在不同的语境会有不同的意思或用法；同一句话，也可以兼有认知和非认知意义。然而这些规则又并非明确规定，而且会随着生活环境的转变而有所更改，我们必须在具体的生活中领会，字典不过是记录了部分常用的意义和用法，而且字典也会不断修改。可以试想“马路”这个词的现代意义和古代意义有什么不同。

语句的意义

认知意义	有真假可言	如报告事实
非认知意义	没有真假可言	如抒发情感、下达命令、请求和询问

由此可见，语句不一定用来报告事实或描述世界，就连字词也不一定有指代的对象，先看看这个论证："1000 元比没有东西好，没有东西比爱情好；因此，1000 元比爱情好。"这个论证看似成立，因为既然 A 比 B 好，而 B 又比 C 好，那么一定 A 比 C 好。然而，"没有东西"只是一个虚词，并不指代任何事物。我们也可以说这个论证犯了歧义谬误，因为两个前提中的"没有东西"并不是同一个意思。

能说清楚便说清楚

维特根斯坦告诉我们，语言充满这类陷阱，容易造成误导；他甚至认为所有哲学问题其实都不是问题，不过是我们误用语言所致，所以只要澄清语言的意义或用法就可以消解这些问题。举个例子，由于我只能感到自己的痛，不能感到其他人的痛，那究竟其他人有没有痛呢？我根本不知道，甚至不知道他们有没有心灵，这样就产生了哲学上"我外心灵"的问题。表面上，"我不能感到其他人的痛"是一个事实判断，但实质上是分析判断，试想象如果你牙痛时我也会牙痛的话，就好像你的痛会传递给我一样，但这仍然叫作我的痛，而不是你的痛。换言之，"我不能感到其他人的痛"这句话，根据有关字词的意义和用法，就可判定为真，毫无经验内容，所以不可以充作支持"唯我论"的经验证据。

当然，今天已没有人像维特根斯坦那般极端，要完全取消哲学，但讲清楚、说明白必须是哲学的本务,正如维特根斯坦所说:"能够说清楚就要说清楚,否则的话,必须保持沉默。"厘清概念是解答哲学问题的起点。从这个角度看,我们必须清理一下那些意义不明、用语暧昧的哲学言论,也难怪有人说20世纪初哲学经历了一个大转向,那就是语言的转向。

哲学发展与语言转向

哲学发展可简单分为三个时期,古代哲学着眼于客观世界,现代哲学反省认知主体,而当代哲学则进一步探讨我们认知和思考的工具——语言。

哲学分期	问题形式	主流哲学部门或流派
古代哲学	什么是最终真实?	形上学
	▽	
现代哲学	我们能够知道最终真实吗?	知识论
	▽	
当代哲学	"最终真实"是什么意思呢?	分析哲学

不单语言没有本质,就连语言所指代的事物也不一定有本质,维特根斯坦以"游戏"为例子,指出所有叫作"游戏"的东西都没有共同的地方,比如说"胜负",有些游戏是没有胜负可言的;游戏一定要"两人或两人以上参与"吗?也不见得只有一个人玩的就不是游戏。但为什么我们又会将这些事物称为"游戏"呢?维特根斯坦用"家族相似性"这个概念来解释,不同的游戏之间只存在着相似性,就好像一个家庭的四兄弟,他们的长相十分相似,有些兄弟的眼睛很相像,有些是鼻子,有些则是脸型,但细心一看,竟然没有一处是四人都相似的。除此之外,我们也可以有另一种解释,我们只是习惯了这样使用"游戏"这个字词。如果以为像"游戏""知识""艺术"这些字词

所指的事物一定存在本质，而不断去追寻本质定义的话，那就是徒劳无功，白费心机。

言说行动

受了维特根斯坦的影响，英国哲学家约翰·奥斯丁(John Austin)开创了“言说行动”理论(Theory of Speech Acts)，我们可以用语言来做出行动，言说本身就构成行动，他区分了三种言说行动。

第一种	表达意含的言说行动	例如，说“这只狗会咬人”，这是做出了警告
第二种	产生行为的言说行动	例如，在教堂举行婚礼时，说“我愿意”，那就表示你结婚了，但这必须依赖社会的制度或习惯，才能产生实质的行动
第三种	产生效应的言说行动	例如，横穿马路时有车辆驶过，跟同行者说“小心”

要了解一句话的意思，除了语法之外，语境也十分重要，例如我太太对我说“拿它给我”，表面上看，这句话的意思并不完整，因为没有说明“它”是什么，但当时的语境是她正用手指着一只水杯，这样意思就很清楚了。又例如，有一次上街太太发现忘了拿电话，于是对我说：“给我回家看看有没有？”如果我只是回家看看有没有，然后回答她“有或没有”的话，那我就没有完成任务，或没有完全明白她的意思，因为根据当时的语境，这句话的隐藏意思就是“如果她的电话在家的话，就要帮她拿来”。即使是分析判断，在某些特定的语境里，仍可以有信息内容，例如中国改革开放初期有一句宣传语为“人不是神”，这句话其实有警惕作用，就是不要把领导人当作神，要重视理性和经验。

诡辩要不得

虽然说有着不同的语言游戏,但并不表示全部用法都是合理的,例如诡辩就必须谴责。自人类使用语言以来,诡辩就已经存在,诡辩是用似是而非的言论欺骗人,企图蒙混过关。历史上最早的诡辩记载有古希腊的辩士及中国春秋战国时的名家,现就以名家的两个诡辩“龟长于蛇”和“火不热”加以说明。龟怎么会长过蛇呢?原来是指龟这个字的笔画多过蛇这个字,那其实是混淆了前面讲字词的两种不同指代(指代事物及字词本身),属于概念混淆的语害。为什么火不热呢?热只是人的一种感觉,火令人感到热,但火本身并不热;然而,这种解释不过是改变了字词的意思,当我们说“火很热”,意思正是“火令人感到热”,说“火不热”就是违反了字词约定俗成的用法,属于概念扭曲的语害。

当然,字词的意义可以改变,但在一定的时空下是稳定的,否则我们就无法沟通,而意义的改变通常是缓慢的,所以一般不会产生沟通的问题。有时,改变日常语言的用法可能会提供新的观点,对人类的发展和进步十分重要。就以“飞鸟之影未尝动也”这种说法为例,飞鸟移动的时候,其影子似乎也在移动;但飞鸟是一实体,而影子不是,所以影子只是不断转换,造成移动的假象。当然,我们也可批评“影子没有移动”这种说法是违反了日常语言的用法,但这种说法的确指出飞鸟移动和其影子移动的分别,电影的原理正是如此,在一秒中连续播出 24 格菲林,制造运动的假象。由此可见,有时改变字词的意义可以产生新意念,有利于创新和发明。

诡辩在今天的香港有一个新名字,叫作"语言伪术",例如,有一位香港特区行政长官被揭发有违规建筑时,却辩称"自己从来没有说过没有违规建筑",试想我们被质疑说谎时,可以用"从来没有说过自己没有说谎"来辩护吗?这种语言伪术的特色就是以"从来没有说过没有做过什么"来为自己"实际做了什么"辩解,可惜这种辩解毫无力量,只是转移视线的伎俩。

政府官员常用的诡辩手法

诡辩手法	性质	例子
预设结论:前提不过是重复结论的意思,只是用了不同的表达方式	谬误	记者问:"为什么出生率那么低?" 官员答:"因为少了婴儿出生。"
离题:通常将原先的论题扩大或缩小一点,避开批评	谬误	记者问:"为什么政府不能解决房屋短缺的问题?" 官员答:"要帮每位市民置业是不可能的。"
概念扭曲:将字词的意思改变,避开批评	语害	记者问:"为什么那么多人失业?" 官员答:"他们不是失业,是待业。"

语言的功能

文章开头时提到我对中文老师特别有亲切感,我想主要原因是学习中文不但是学习一种语言,同时中文是母语,学习中文也是认识自己的文化。我记得小学时有一本书叫作《五用成语手册》,每一个成语都有其历史渊源，每学会一个成语，就等于对自身的历史文化多一分了解。将中文老师跟英文老师比较也很有趣，通常中文老师较为传统，喜欢讲历史故事，英文老师则较为现代，喜欢谈国际时事；就连衣着也有显著的分别，中文女老师多数穿着长衫，富有庄重感，英文女老师则穿着时装或运动装，比较自由随意。语言不但是社会现象，也是文化现象，学习语言也等于了解文化。

学习英文的同时也连带认识西方的文化和价值，而懂得英文，亦等于获得新的观点，多了一个吸收资讯的途径。举个例子，在海湾战争期间，伊拉克总统萨达姆·侯赛因(Saddam Hussein)也是要靠看美国CNN新闻才知道哪里被轰炸，这看似笑话，却是事实。还有，学习外语更能认识自己的文化，因为有了比较，我们才能对一些习以为常的东西有深入的了解。举个例子，只要比较中文和英文对亲属的称谓，就会明白中国人亲疏有别、长幼有序的伦理格局。无论是父亲或母亲的父母，英文的称谓都是grandfather和grandmother，而中国人则分为祖父母和外祖父母，很明显，祖父母比外祖父母亲近；英文只有uncle，我们却要分伯父、叔叔、舅父。此外还有很多我也记不起的称谓，这样复杂的亲属称谓，无非就是要建立以伦理为本位的社会秩序。

没有了语言，人类就无法做有效的表达和沟通，但竟然有人质疑语言的功能，认为语言有所限制，批评有很多东西是语言所不能形容和表达的，有的甚至主张要超越语言。但什么是语言的限制，又有什么是语言所不能表达的呢？这些人爱说："语言不能表达真理！"这句话其实是自我推翻，因为如果语言不能表达真理，这句话本身就不是真理。他们又会这样说："真理是靠体会，非语言所能表达。"但这又有什么大不了呢？很多东西都要靠体会才能明白，例如"失恋是痛苦的"，这句话也要靠体会，一个五岁的小孩是不会明白的，因为他并没有失恋的经验。说"语言不能表达真理，真理要靠体会"，正反映出对语言的误解，比如我说："日落很美丽。"以为听了这句话就等于有看到日落的感受，那就是误解了语言的功能，由此判断为语言的限制，其荒谬之处就像说洗衣机有限制，因为它不能用来煮饭。

撇开以上无知于语言功能的胡说，探讨语言与意义表达的关系也是有价值的，中国魏晋时期就有过"言意之辨"，这是整个玄学最具哲学性的论题。言意之辨源于《周易》："圣人立象以尽意，设卦以尽情伪；系辞焉，以尽其言。"《周易》原是一占卜之书，象是指卦象，言是指卦辞或爻辞；通过卦象、卦辞及爻辞，我们就可以解释所占之卦的意义。引申出来，象可以泛指图像，言是语言，意就是图像或语言所表达的意义。究竟图像、语言和意义三者有什么关系呢？

言意之辨中有三种立场，第一种叫作"言不尽意"，代表人物是荀粲。荀粲崇尚道家，力图摆脱汉代章句训诂[①]之学，他认为"道"是无法用语言表达的，这就是所谓的"象外之意"和"系表之言"。第二种立场叫作"意不尽而尽"，代表人物是王弼，王弼认为言可以明象，而象则可达意，他引用庄子的筌蹄[②]之喻，主张"得意忘象，得象忘言"，忘言和忘象并不是要否定语言的功能，针对的也是汉儒那种烦琐的章句之学，叫人不要执着于言和象。第三种立场叫作"言尽意"，代表人物是欧阳建，他认为语言文字是用来指称事物和表达道

① 章句指离章辨句，以分析章节，训诂即古文注释。
② 筌为捕鱼的竹器，蹄为捕兔的网。比喻要达成目的的工具或手段。

理，它们就好像形影一样，所以言能尽意，但语言文字也有随事物和道理的更改而转变的一面。欧阳建的主张正反映我们的常识，事物是客观存在的，语言文字不过是表达的工具。

我认为这三种立场适用于不同的层次。如果我们谈论的是经验的对象，则言尽意论较为恰当；不过，若涉及人内心的复杂思想，则言未必可以尽意。如果我们谈论的是一些超越经验的事物，例如“道”“无”等形而上的道理，则言不尽意论较为恰当，因为这些道理要靠体验和实践，但并不表示这是语言的缺点。至于王弼的意不尽而尽论，则十分适用于解释诗词和绘画等艺术作品，因为它们都以“象”作为表达意义的媒介，绘画不用说了，诗词也是通过文字营造一个景象。事实上，言意之辨对诗词理论及创作产生很重要的影响，所谓言尽而意不尽，使诗人尽量发挥出语言的暗示性及启发性，用有限的字句去表达出无穷的含义，陶渊明的“山气日夕佳，飞鸟相与还。此中有真意，欲辨已忘言”正是这种立场的最佳注脚。

一般来讲，说话要清楚，意思要明确，这样我们才可有效沟通，但别忘记语言使用有不同的场合，例如作诗的时候就要充分利用语言的歧义和含混，某种意义上，诗才是最精练的语言，诗人的灵格（灵魂的位格）也远高于学者。又例如政治外交的语言，有时需要强硬坚定，立场明确；但有时却要界线模糊，让双方留有空间。

关键词再思考	指谓　意含　认知意义　厘清概念　语境　诡辩　语言伪术　言意之辨
相关篇章	《思考》《学习》《时间》

玛格利特(René Magritte)是比利时著名的超现实主义画家，他这张画名为《形象的背叛》(*The Treachery of Images*)，画中有一个烟斗，下面却写着“这不是烟斗”，但这明明是烟斗，为什么不是呢？当然，这只是烟斗的画，并不是真正的烟斗，画家要我们思考的正是语言、图画和意义三者的关系。

《形象的背叛》(1929)

作者：马格利特
原作物料：油彩
尺寸：60cm×81cm
现存：洛杉矶郡立美术馆

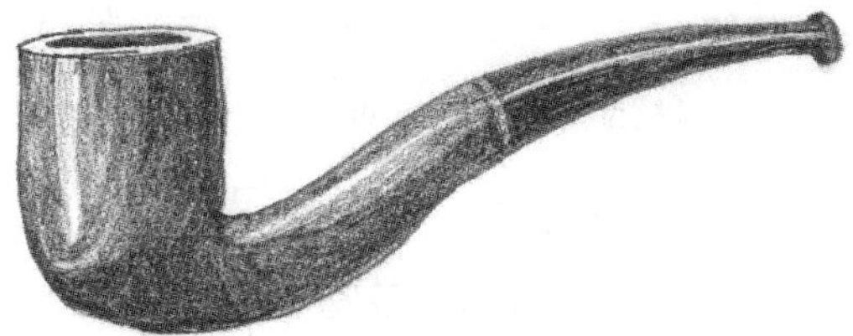
Ceci n'est pas une pipe.

时间

时间的启示就是过去已经过去，只能开拓未来。

在小学的三四年级，我还清楚记得那是夏天，是阳光充沛的一天，我忽然想20年后的自己究竟会怎样呢？而20年后的我回想起20年前的我又会有什么感受？想到这些，就有一种很玄妙的感觉，现在、过去跟未来仿佛连在了一起。

一提起时间，往往就会联想起神秘的宇宙。“宇”的意思是上下四方，即无穷的空间，“宙”的意思是古往今来，即无尽的时间，宇宙正好代表着时空。不过，时间又比空间更加神秘，更具哲学意味，所以也是历来哲学家最感兴趣的题目。时间是什么？时间好像是由过去、现在和未来三者所构成，但亚里士多德（Aristotle）认为，过去不是真实，因为过去已经不存在；未来也不是真实，因为尚未出现；只有现在是真实存在，而时间正是由一连串的现在所组成的。但其实也不妨说，连现在也不是真实的，因为一旦说出现在就已经成为过去了。如果过去、现在和未来都不是真实，那么时间也是不真实的吗？

主观还是客观？

奥古斯丁就被时间的问题深深困扰，他说：“时间是什么？没有人问我，我知道；但当有人问我，我却不知道。”但最终他还是提出了解答，那就是将时间主观化，放入我们的心里。我们的心智可以回顾过去，展望未来，这样，过去、现在和未来就能同时存在于心里。就好像听音乐一样，我们不是在听个别的音符，而是记住之前的音符，并预判之后出现的音符，这样我们才能掌握整个旋律。换言之，没有心智存在的话，就没有时间存在。但这明显不符合事实，因为地球未有人类之前，不是已经经历了几十亿年以上的时间吗？或者奥古斯丁可以这样辩解：即使如此，时间依然存在，因为时间存在于上帝的心智之中。

从我们的经验上看，时间又好像是客观真实的，因为我们可以体验时间的流逝，人老了，皱纹也多了，身体也大不如前，这不是时间留下的痕迹吗？在时钟上我们不是看到时间一分一秒地过去吗？但时间也好像是主观的感受，快乐的时候时间过得特别快，而年纪越大，时间也过得越快。康德（Immanuel Kant）也认为时间是主观的，但他所讲的主观并非以上所讲对时间的快慢有不同的感受。康德认为，时空并非客观世界的性质，也不是来自理解力的概念，而是我们知觉的先验形式，是构成经验的形式要素，他称为“感性直观”。换言之，时空是我们体验这个世界的主观形式，所以我们所感知的事物都在时空之中，这就好像戴了一副蓝色的眼镜看世界一样，所看到的事物都带有蓝色，但蓝色却并非事物的性质。

康德的知识论

康德认为我们的感官接触这个世界时，先由直觉形式来把握，产生知觉经验，然后理解力提供12个基本概念（如“因果”）来处理这些资料，这样就成为经验知识。

认知主体：理解力（十二范畴）—处理→知觉经验
认知主体：直觉形式（时空）▷ 知觉经验 ▷ 经验知识

柏格森（Henri Bergson）虽然批评康德的时间论，但他对时间的看法也有点像康德，时间不是外在的东西，它是人内在的直观形式。时间是内在的，它的特性是绵延，绵延就是持续发展，人的生命就在时间中开展，是一个整体，不能分割。所以他认为，将时间看成外在是有问题的，可以测量和分割的是空间的性质，而不是时间的性质。当然，柏格森的意思并不是不可以测量时间，只是说不要错认时间的真正性质。

时间当然可以分割，一年可以分成十二个月，一个月有三十日，一日就有二十四小时，一小时有六十分，一分有六十秒，“滴答”一声就是一秒。不知有没有人做过研究，似乎人类感知上能够区分的时间单位只有半秒，然而，概念上却可一直分割下去，这就涉及无限分割的问题。古希腊哲学家芝诺(Zeno of Elea)提出过有关时间的诡论，他说乌龟要挑战神行太保阿基里斯(Achilles)，和他赛跑，阿基里斯让乌龟先跑一百米，但芝诺认为阿基里斯永远都追不到乌龟，因为当阿基里斯跑到一百米时，无论乌龟跑得多慢，它总会前进了一段距离，当阿基里斯再追到这段距离时，乌龟又会向前移动了一段距离，如此类推，虽然每一次阿基里斯都会追得更接近乌龟，但乌

计时器的演进

要测量时间，我们需要稳定的周期性运动，最早用的日晷，就是利用太阳的运动(其实是由地球的自转所造成)，随着科技的进步，计时器也变得越来越准确和方便。

日晷	用柱的影子测量时间，但阴天没有太阳就不能用
水钟	用水滴计算流逝的时间，但冬天水结冰就不能用
沙钟	沙漏需要高超的玻璃制造技术及磨细的砂粉，能比水钟计算更小的时间
机械时钟	更加准确及日常化，由教堂到市政厅，人人都可以看到时钟或听到报时

龟总是领先，所以阿基里斯永远追不上乌龟。如果真的来一次阿基里斯和乌龟的比试，阿基里斯当然可以追过乌龟，芝诺不过是玩了时间无限分割的把戏。

时间的开始与相对性

另一个令人真正困惑的时间问题就是“时间有没有开始”。如果说时间有开始，似乎又可以追问在那之前是怎样的。科学家认为，时间开始于大爆炸，这已是 138 亿年前的事，但大爆炸之前又怎样呢？说时间没有开始，一样会产生疑问，那就是既然没有开始，为什么时间又会走到今天呢？康德认为，“时间有没有开始”这个问题正显示出理性的限制，当我们试图超越理性的限制去回答这个问题时，就会陷入“二律背反”(antinomies)之中。

基督教认为，上帝在创造这个宇宙的一刻，也创造了时间，那么之前就是永恒，上帝就是永恒的存在吗？“永恒”有两个意思，一个是在时间之内讲的，另一个则是时间之外。例如有些科幻电影会说吸血僵尸拥有永恒的生命，意思就是生命不会终结，这是发生在时间之内；但当我们说上帝是永恒时，指的是时间之外，时间之外的东西是不变的，而在时间之内的所有东西都会有变化，吸血僵尸纵使不死，也会随时间而有所改变。或者用另一个例子来说明永恒不变的意思，就以数字为例，无论这个世界的事物怎么变化，也不会对

“2”这个数字产生任何影响，因为它存在于时间之外，亦即是永恒不变的。

二律背反

康德认为，有关宇宙普通本性，肯定和否定的说法都可言之成理，但是互相矛盾，他称之为“二律背反”，根据量、质、关系和形态分为四种。

二律背反	正　论	反　论
量的二律背反	时间有开端，并且空间有限	时间没有开端，并且空间无限
质的二律背反	一切由单纯部分组成	没有单纯的东西，一切都是复合体
关系的二律背反	有自由存在	一切都是被决定
形态的二律背反	有必然的实体存在	所有实体都是偶然

比康德稍早的17世纪英国科学家牛顿(Isaac Newton)则认为，时空都是绝对的，时间在任何地方都是相同的，空间也是不变的。时间是独立自存的，即使没有任何运动或变化，时间还是存在的；即使没有任何物体，空间还是这样存在。跟牛顿同时代的莱布尼兹(Gottfried Leibniz)对牛顿的绝对时空观做过批评，提出相对时空观；但牛顿的理论要到20世纪才真正被爱因斯坦(Albert Einstein)的相对论推翻。爱因斯坦认为，时间不是在任何地方都是一样的，会因我们所处的位置和速度而有所改变，例如当我们正在高速运动时，时间就会走得慢些。空间也可以弯曲，而且时空是一体的，所谓四个向度就是三维空间加上时间性。有人用原子钟做过实验，证实了爱因斯坦的理论，方法是将一个原子钟放在飞机上，让飞机绕地球一周，另一个原子钟则放在原地，当飞机回来时，飞机上的原子钟

的确比地上的原子钟走得慢些，原子钟是以基本粒子的振荡过程来量度时间，可以测量出极细微的时间差别。“同时性”这个概念也会出现问题，因为处于运动状态 A 的人所看到的同时发生的两件事，处于运动状态 B 的人就可能看到这两件事不是同时发生，既然“同时性”有问题，那么“现在”也不成立，因为说两个事件现在发生，也就是说它们同时发生。

能“回到过去”吗？

根据爱因斯坦的理论，如果我们乘坐以接近光速飞行的太空船到太空旅行几年，回来后地球可能已经历了几十年，结果就是你女儿的年纪比你还要大。有人认为，这是表示时间旅行在理论上是可行的，因为对于太空船上的人来说，他好像是去了未来。但要注意的是，即使我们同意这叫作“到了未来”，但并不意味着我们也可以“回到过去”。“回到过去”在逻辑上是不可能的，因为有逻辑矛盾。很多人都喜欢这样来解释“回到过去”的逻辑矛盾，就是如果有人能回到过去，在他的爸爸未遇上他的妈妈之前让爸爸消失的话，那么，未来他就不会出生，也不会有他回到过去的事情发生，这就是逻辑矛盾，所以“回到过去”在逻辑上是不可能的。逻辑不可能就一定物理不可能，物理不可能就一定技术不可能。就以《回到未来》（*Back to the Future*）这部电影为例，主角回到过去之后，无意中破坏了爸爸和妈妈的约会,还令妈妈喜欢上了他,如果爸妈生不了他,他就会从此消失,所以他要设法将父母拉回到一起;但电影没有交代的是,如果他真的消失的话,未来又怎会有他回到过去呢?

三种可能性

可能性可以分为逻辑可能性、物理可能性及技术可能性三种。

逻辑不可能	技术可能
▽	▽
物理不可能	物理可能
▽	▽
技术不可能	逻辑可能

有人为"回到过去"的可能性提出辩护,说我们虽然能够回到过去,但不能改变历史,即那个人不可能让他的爸爸消失。其实这种辩解是无力的,因为当一个人回到过去,就一定改变了历史。可以用一个更加简单的例子来说明逻辑矛盾,假设今天早上听我讲课的学生有 99 人,加上我课堂里就有 100 人,那么,"今早课堂里有 100 人"这句话就是真的;但原来有一个学生忘了来上课,于是晚上他乘时光机回到今早上课,那么,这个课堂就有 101 人,并非 100 人,而"今早课堂里并非有 100 人"这句话也是真的。同时肯定一个命题(今早课堂里有 100 人),并且否定这个命题(今早课堂里并非有 100 人),这就是逻辑矛盾。

不过,有人提出"平行宇宙"的理论来辩解,说我们能够回到的过去只是跟现在这个宇宙一样的另一个宇宙,在这个平行宇宙我可以令自己的爸爸消失,于是这个宇宙的未来就没有我存在,但原本那个宇宙的我还是存在的。平行宇宙的说法其实有很多问题，不能在这里详细讨论，我只想指出一点，若是如此，那我们是否真的回到了过去呢？因为这是另一个宇宙，回到“过去”所做的一切也是徒劳无功的，因为原本的宇宙并没有任何改变。也有一种“回到过去”的可能情况是这样的，假设现在有一个人宣称自己是未来人，由100年后的世界来到现代；但其实未来尚未出现，他只不过很奇怪地拥有未来的记忆，到100年之后，这个人的确存在，然后突然间失踪（因为要回到过去），但当时的人可在历史中找到100年前有关这个人的记录。这个想象的例子可以解释何谓“回到过去”，但历史又不会改变，因为这种回到过去正是历史的一部分，但这又引出另一个问题——未来不就被决定了吗？

“回到过去”还有另一个解释，就是我们能看见过去的影像，例如我们现在看到的星星只是它们的过去，有些星星距离地球有几十万光年，我们看到的正是它们几十万年前的模样，说不定这些星星早已经消失了。我们可以想象过去所发生的事都被立体影像化地记录下去，当我们身处于这些影像当中，就有回到过去的感觉，就好像狄更斯（Charles Dickens）的名著《圣诞颂歌》（*A Christmas Carol*）中的吝啬鬼财主被圣诞精灵带到过去的影像，看到了很多遗忘已久的事情。我一直想，如果真的有这样的“过去录影带”存在的话，会是一件多么令人感动的事，例如看看自己刚出生的一天、第一次上学的情况、第一次谈恋爱，等等。

制造时光机

有些科学家并没有理会以上第一种"回到过去"所产生自相矛盾的问题,还正埋头努力研究能回到过去的时光机,例如,任教于美国康涅狄格大学的物理学教授马雷特(Ronald L. Mallett)就一直致力研究时光机的可能性,他认为爱因斯坦的相对论能提供有利的方向,根据相对论,重力会令空间弯曲,也会令时间变慢,而质量和能量又可以互换,光也是有能量的;换言之,光也能影响时间。我记得很多年前系列电影《超人》(*Superman*)有一部就是讲述超人为了要拯救死去的爱人,以超过光的速度令地球逆转,使时间倒流到爱人未遇害之前。但其实这违反了狭义相对论,虽然时间会随速度加快而变慢,却不能超越光速,因为若以光速运动时,质量会变得无限大。虽然爱因斯坦表明广义相对论也不容许回到过去,但 1949 年,著名的数学家哥德尔(Kurt Gödel)根据爱因斯坦的方程式,提出了回到过去的可能性。不过,哥德尔设想中的宇宙是要旋转的,并且不会膨胀,但证据显示,我们身处的宇宙正在膨胀,亦不会旋转。

相对论

爱因斯坦于 1905 年发表狭义相对论,11 年之后再发表广义相对论,广义相对论以狭义相对论为基础。1919 年,广义相对论成功预测了水星的轨道,成功推翻了牛顿的古典物理学。

狭义相对论	处理物体以等速移动的问题
广义相对论	处理物体以加速移动的问题,也包括重力的问题

另一位相信可制造出时光机的是美国华盛顿大学的物理学教授克拉默(John G. Cramer)，他的理论基础是量子力学，在粒子层面，我们平时讲的因果律并不成立，原因是出现在结果之后；换言之，未来的事件可以影响现在，而现在又可以影响过去，完全违背了我们的常识。不过，在微观层面出现的情况未必在宏观层面也会出现，以为微观可行而必然地推论出宏观也可行，正犯了合称谬误(即由部分如此推论出整体也是如此)。另外，还有两位物理学家提出制造时光机的构想，他们是加州理工学院的索恩(Kip Stephen Thorne)和墨里斯(Mike Morris)，他们认为虫洞理论可以为时间旅行提供理据。简单来说，虫洞是物理学理论中可能连接两个不同时空的捷径，由于黑洞的重力会扭曲时空，如果能以超光速顺利穿过虫洞的话，则有可能进入另一个时空。

最早提出时光机构想的不是物理学家，而是19世纪的科幻小说家威尔斯(Herbert George Wells)，他的经典名著《时间机器》(*The Time Machine*)于1895年出版，比爱因斯坦的相对论还要早10年。如果说“回到过去”自相矛盾不能成立的话，那么说“时间停顿”就是自我推翻，因为若时间可以停顿，我就会问：“可以停顿一小时吗?”那一小时不正是时间吗？即使明知坐时光机回到过去是有逻辑矛盾的，但我还是很喜欢看这类电影，其中一个原因就是后悔当年所做的决定，幻想回到过去改正错误。但正如俗语所谓“光阴似箭”，时间是一去不返的，要时间倒流或停顿都是没有可能的，也许人生有太多的悔疚，错失了太多的机会，“回到过去”不过是一种心灵的慰藉。

珍惜有限的时间

一方面，时间十分抽象，难以说明；但另一方面，在日常生活中，我们又毫无困难地用这个字词来互相沟通，比如说“我没有时间了”，“你别阻碍我的时间”，“我给你三天时间完成”。维特根斯坦认为，“时间”是特殊词汇，在语法上属于名词，但跟名词的一般用法不同，它不是用来指称事物，而是提供了某种现象的标准，据此我们就可以判定其他词汇能否用来描述这种现象。维特根斯坦似乎认为，根本不需要为时间的问题而烦恼。但亦有哲学家认为时间有很重要的哲学意义，例如海德格尔（Martin Heidegger）的巨著《存在与时间》（*Being and Time*），就十分认真看待时间，他指出人的有限性表现在时间上，因为我们知道自己会死，而人永远向前瞻望，并且继承过去，也要认清现在的实况。不过，人亦可能忽略现在，悔恨过去，忧虑将来。

人生只有短短数十年，即使有人觉得时光飞逝，有人觉得度日如年，但每一天大家都拥有相同的时间，就是一天只有 24 小时，不多也不少。人生的质素很大程度决定于我们怎样运用时间，依稀记得小学一年级有一篇关于时间的文章是这样的：“滴答！滴答！一分一秒不放松，小朋友，勤做工，才有用。”我们从小就被教导要珍惜时间，努力学习，长大做个有用的人。相信大家都听过“少壮不努力，老大徒伤悲”这句话，出自《长歌行》，前面还有一句，就是“百川东到海，何时复西归”，大江东流，一去不返，前一句讲的正是时光飞逝，这是自然定律，后两句讲的是人生道理，要珍惜时间。的确，时间是宝贵的，不然我们就不会用金钱来形容时间，但“时间是金钱”这句话也可以理解为时间可以用来换取金钱，当然，这并不表示时间可以直接用来换取金钱，而是指如能善用时间来工作，就可赚取金钱；相反，金钱也可换取时间，例如搭的士虽然车费较高，却可节省不少时间。

时间之所以宝贵是因为时间有限，思考需要时间，自我实现需要时间，所以要好好珍惜时间和管理时间。但善用时间并不表示每天都要忙于学习和工作，过度学习和工作也许是浪费时间，闲暇其实十分重要，玩乐也十分重要，你看动物，越高等的动物越擅长游戏，人也只有在游戏中才能成为真正的自己。小孩子最喜欢玩游戏，有一个关于时间的比喻正是“时间是游戏中的孩子”。

关键词再思考	感性直观　同时性　永恒　回到过去　平行宇宙　自相矛盾　时光机
相关篇章	《思考》《学习》《语言》

这是西班牙超现实主义画家达利（Salvador Dalí）的名作《记忆的永恒》（*The Persistence of Memory*），记得我读艺术系时第一次看到这张画就被它深深吸引着，软化的时钟配置在奇异的风景之中，一切都超乎常理，的确给我一种时间停顿的感觉。

《记忆的永恒》(1931)

作者：达利
原作物料：油彩
尺寸：24cm×33cm
现存：纽约现代美术馆

人生

人生无目标，就活得没有意义；
人生无情趣，便活得没有意思。

小学时，有一次班主任吴老师对我们全班训话：“你们终日嬉戏，究竟有没有人生目标，应该好好读书，以上大学为目标。”吴老师这番“教训”到今天还言犹在耳，这是第一次有人对我说人生应该有目标，也提供了一个明确的目标。

后来我终于上了大学，在大学里，又流行另一个人生目标，称为“四仔主义”，四仔者乃“车仔”“屋仔”“老婆仔”“生仔”；也就是说，毕业后要买车买房，结婚生子，那当然要努力工作赚钱才能实现。那么，之后呢？大部分人会告诉你，继续赚钱，那退休之后就可安享晚年，过着舒适的生活。然而，上大学、实现“四仔”、过着舒适的退休生活，其实都是社会的既定标准，我们为什么一定要跟随呢？

如果单单以上大学为目标的话，一旦考上大学之后，反而会失去目标，人生顿然变得迷茫。我是理科生，由于高考成绩生物较好，很自然上大学就入读了生物系，但当时我经常问自己：“究竟是否真的有兴趣呢？”对我来说，读书还勉强可以，但做实验就很痛苦，于是我开始思考：为什么要读书？什么才是自己真正的兴趣？很奇怪，那一年我忽然对绘画产生浓厚的兴趣，于是决定转校，重新考试，最后成功入读中文大学的艺术系。这个时候我意识到，人生目标必须由自己来决定才有意义。

人生的比喻

但人生一定需要目标吗？究竟人生又是怎么一回事呢？有人说，人生如战场，我们必须努力，打败竞争对手，才可以生存，或生存得更好；也有人说，人生如考试，我们必须经历试练，才能够不断提升；更有人说，人生如赛跑，必须向着目标前进；亦有人说，人生如舞台，只要好好扮演既定的角色，绝无欺场就够了；还有人说，人生如赴宴，参与过便算，不要太执着。人其实是一种价值的存在，要在发展和创造中感受幸福，所以人似乎注定要追求人生目标，当然，定下什么具体目标是各人可以自主的。就以我自己为例，当我决定选择艺术而放弃读了一年的生物时，读艺术就比读生物有更高的价值，选择本身就预设了价值判断。

至于说人生如战场，未免太过残忍；说人生如考试，自然有人考得上，有人考不上，又似乎过于沉重；说人生如赛跑，也不错，但当你发现自己不是短跑的材料，就应该试试长途赛；说人生如舞台，但也需努力才可以找到适合自己的角色；说人生如赴宴，却又过于轻松。我较喜欢 19 世纪丹麦哲学家祁克果的人生比喻，他说："人生如漂流中的小船，必须紧握船杆。"为什么要紧握船杆？因为人生充满危险，一不小心，小船就会撞岩破碎。作为存在主义之父，祁克果较重视人生的阴暗面。如果嫌这个比喻也太沉重的话，那么，人生如习题簿这个比喻也不错，较为轻松，在人生的不同阶段，都有不同的题目等待着我们，这次答得不好，还有下一次，永远有机会。人生的困惑、挫折和失败仿佛都是考验我们的题目，谁不曾经历考试不合格、失恋、失业或疾病的挫败呢？谁不会面临人生抉择而感到迷惘呢？或许真的有一帆风顺的人，出身于良好的家庭，接受高等的教育，又有高尚的职业，有如意的伴侣；然而，没有挫败的人生，就真的值得我们羡慕吗？在较差的条件中成长其实是一种磨炼，通过自己的努力，克服种种困难而成功，不是更有价值和意义吗？正所谓"难能可贵"。历史上的伟人，很多都是出身贫困，经历诸多波折，遭遇重重困境，才成就其伟大的事业。就以林肯（Abraham Lincoln）为例，这个被喻为美国历史上最伟大的总统，即使具备优秀的人格和动人的演说能力，但未成功前也经历了无数次的竞选失败。当然，我们不一定要做伟人，但在人生的长河中总有合乎我们程度的题目。

走笔至此，我想起了著名的悲观主义哲学家叔本华（Arthur Schopenhauer），他认为人生的各种需求和欲望都是盲目意志的表现，当需求和欲望不能满足时，我们就会遭遇挫折和痛苦，但满足之后，我们又会追逐新的欲望。欲望正是人生痛苦和各种邪恶的来源，所以人生注定是不幸的。叔本华的思想有很重的厌世意味，我认为他的问题是看不到人生也有积极和快乐的一面，爱情、家庭、知识、工作和兴趣都可以是幸福的源泉。俗话说："人生不如意之事十之八九。"实是有点夸大，只是我们对不快之事总会过于耿耿于怀。即使多数人认为人生的痛苦多于快乐，然而，人生有很多痛苦是可以避免和消除的，特别是源于愚蠢和贪婪，而嫉妒所带来的痛苦更是毫无意义。当然，有些痛苦和挫折对心灵的成长也有积极的意义。

孔子的人生观

人生目标既有阶段性，也有终极性，终极目标能贯穿整个人生，赋予人生整体的意义，而阶段性目标又可以是达成终极目标的手段。虽然人生目标因人而异，但生老病死、穷达顺逆，都是大部分人会经历的。而事实上，人生亦有普遍性的阶段，正如孔子 70 岁时的人生自述："吾十有五而志于学，三十而立，四十而不惑，五十而知天命，六十而耳顺，七十而从心所欲不逾矩。"即使到了今天的现代化社会，这仍有很高的参考价值。从小立定志向很重要，那就有了努力的方向。30岁，有工作收入，可以独立生活。40岁，对自己的人生方向不会感到疑惑，在自己的专业之内有所发挥；现代有很多人到四五十岁，就出现很多问题，此所谓中年危机。50岁，明白到人生的局限，不再强求，也是时候了解一下形而上或宗教性的道理。60岁，最好做到和颜悦色，不再争闲气。70岁，心境就可以自由自在，了无牵挂。

人生的六个阶段

十五立志	
▽	培养学问和能力
三十独立	
▽	能够照顾自己
四十不惑	
▽	明确自己的方向
五十知天命	
▽	明白人生的局限
六十耳顺	
▽	毁誉不动于心
七十从心所欲不逾矩	

不过，对于现代人来说，孔子的人生阶段也有补充的需要。由于营养充足和医学进步，现代人的寿命可高达八九十岁，所以我们

需要的是八九十岁，甚至100岁的人生指引。人生目标的设定跟人生阶段有关，举个例子，年轻人和上了年纪的人就是处于两个很不同的阶段，年轻人体力充沛，感性较强，但知识和经验不足，所以应该善于运用自己的条件，好好学习；至于上了年纪的人，虽然知识和经验足够，但体力和感受力在变差，在工作方面，就应该培养下属来帮助自己完成目标，或者想想应否退下来，展开人生的新一页。现代化的多元社会跟孔子时代的单一社会也很不同，孔子认为读书的主要目的就是从政，协助君主治理国家；但在今天多元化的现代社会，就有很多不同的职业让我们选择，所以择业也是一个很重要的课题。

祁克果与尼采说人生

说到人生阶段，有两位哲学家的主张也值得一谈，一位是前面提及的祁克果，另一位是稍后于他的尼采(Friedrich Nietzsche)。祁克果将人生分为三个发展阶段：审美阶段、道德阶段和宗教阶段，也大致对应于少年、中年和老年三个时期。审美阶段的特色是追求感官的享乐，向外奔驰，但最终会感到空虚失落；由此一跃，就会进入道德阶段，向内要求自己，但最后会产生无力感，或者出现道德上的骄傲，这表示这一阶段已到了极限；再由此一跃，就会进入宗教阶段，明白到生命的脆弱和人的有限性，经过深切的反省，将自己托付给上帝。祁克果是基督徒，也许这三个阶段就是他的心灵独白。尼采是无神论者，重视的是人的生存意志，他的“精神三变”也可以理解为人生三个发展阶段，第一个阶段以骆驼为代表，骆驼的特性是刻苦耐劳，人在年轻时正要不断学习，默默承受和忍耐，听从别人的教诲，包括传统加诸我们的重担；第二个阶段以狮子为代表，狮子的特性是勇猛进取，成年人可以自决目标，争取自己的利益，实现自己的理想，但同时亦要承担责任；第三个阶段以婴儿为代表，婴儿的特性是充满各种可能性，这就是回归原点，重新开始，即使步入老年，人在精神上也可以重新再来，这也代表尼采所讲的价值重估。祁克果和尼采所讲的人生阶段有很大的分别，但其实两者并没有矛盾或对立，只是从不同的角度来审视人生，也不是定论，只可作为参考，毕竟人生还是你自己的人生。

祁克果 VS 尼采

祁克果	尼采
审美阶段：享乐	骆驼：忍耐
道德阶段：节制	狮子：自决
宗教阶段：皈依	婴儿：重生

不过，我还是喜欢孔子的平实，孔子对于老、中、青三个人生的主要阶段也有很重要的建议，除了对应不同阶段的学习之道外，也有对应不同阶段的慎戒之道：“君子有三戒。少之时，血气未定，戒之在色；及其壮也，血气方刚，戒之在斗；及其老也，血气既衰，戒之在得。”少年，戒之在色，这是性的问题，如果纵欲的话，中年时身体就会坏掉；中年，戒之在斗，中年有了事业基础，就想更进一步，拼命

竞争，甚至不惜手段打击对手，这就是斗；老年，戒之在得，人老了，要退休，身体也开始出现毛病，就会缺乏安全感，将金钱和地位看得比以前更重要，舍不得放手。

人生阶段的三戒

阶段	应做之事	应戒之事
青年	努力向学	戒之在色
中年	事业有成	戒之在斗
老年	退下来	戒之在得

人生目标与目的

“人生目标”和“人生目的”这两个词我们经常互换使用，似乎没有什么大分别，但严格来说，两者有一个显著的不同，“目标”是需要我们付出努力，通过行动才可以达成的，比如说，我的目标是要赢得这场比赛；但“目的”则主要涉及我们行为背后的动机或原因，比如说，我要赢得这场比赛的目的是出名。人生目标前面已经讨论过，现在就谈谈人生目的。人生目的对应着“为什么人要生存”这个问题，在已知的生物当中，只有人类会思考生存意义的问题，人生目的就是人活着的理由，那些想自杀的人，大部分就是认为人生没有目的，所以人生也没有价值和意义，死了反而更好。人生目标需要我们自己订立和努力才能实现；但人生目的似乎是既定的，只待我们自己发现。

目标 VS 目的

目标	是人订立出来，但需要努力才能实现的	例子：上大学是我的目标
目的	是某事物存在的理由，或人行为的动机或原因	例子：我上大学的目的是为了求取知识

有宗教信仰的人认为，只有宗教才能解答“人生目的是什么”的问题。当然，相信有死后的世界，跟认定人生只有短短数十年，其人生观和价值观是截然不同的；但并不表示，一定要有宗教信仰，知道生命的来源，人生才有目的和意义可言。以某物的起源来验证或否定它，是一种错误的推论，称为“起源谬误”(genetic fallacy)。在《弗兰肯斯坦》(*Frankenstein*)这部小说中，科学怪人以为找到创造他的科学家之后，就能知道人生的目的和意义，但当他成功找到了科学家，科学家却未能给他答案，于是他要求科学家为他创造一个伴侣，

起源谬误

纳粹党虽然是邪恶的，但纳粹党所做的一切都邪恶吗？比如，反对吸烟这个主张最早就源于纳粹党。

纳粹党是邪恶的

纳粹党反对吸烟

↔

因此，反对吸烟也是邪恶的

因为他明白，情感才是人生最有价值的东西，这就是他的人生目的。

我认为，人生目标是每个人根据自己的喜好、性格、能力和背景等因素作做选择，要从事什么工作、得到怎么样的成就，各人之间存在很大的差异；至于人生目的，则涉及人的整体性，跟当事人的世界观有密切关系，也可以说，一个人的世界观决定了他的人生观，包括人生目的。这样看来，人生的终极目标就跟人生目的比较接近。但无论是人生目标或人生目的，都跟价值的判断有关，而现代社会又流行价值是主观的说法，所谓主观的意思是所有价值判断都没有真假或高下之分，但这明显是不成立的。举个例子，偷窃是错误的，一般来说这个论断是真的（有普遍性并不表示是绝对，也有例外），即使是小偷也会同意，因为他也不愿意自己的东西给人偷去。我发现，那些认为价值是主观的人往往基于一个错误的推论，由于某些价值的争议没有客观的答案，于是就推论出价值判断完全是主观的，这其实是犯了非黑即白的谬误。

非黑即白的谬误

由 A 不是处于一个极端，而推论出 A 处于另一个极端，而忘记了两个极端之间还有不同的情况。

人生目的没有客观答案

⟷

因此，人生目的完全是主观的选择

人生目的虽然没有唯一的客观答案，但也有高低之分，以追求名利和权位为人生目的，就不见得有很高的价值；至于恐怖分子以复仇为人生目的，杀害无辜的人，就更是等而下之。然而，某些哲学和宗教所标榜的人生目的却又陈义过高，说起来动听，但根本没有人会去实践。比如说儒家，本来孔子的教训是十分平实的，但由孟子开始就有点陈义过高，后来的儒家学者更动不动就要人舍生取义，成圣成贤，给人很大的压力。例如，宋儒就喜欢讲"饿死事小，失贞事大"，所以反对寡妇再嫁。当然，我并不是反对人在道德上更进一步，但重要的是由当事人自决，否则的话，就容易出现两种人，一种是伪君子，表面上符合要求，但内心不真实；另一种是真小人，反正很难达标，就索性不做。道德固然重要，没有道德，社会秩序也难以维持，但将道德凌驾于其他价值之上亦不大妥当。我以为，当满足了道德的最低要求，即不伤害人，就容许追求各自的人生目标，更理想的是，实现自己的人生目标之时，也能有利于他人。

很明显，不是所有人生目标或人生目的都一样好，我将那些有高价值的人生称为美好人生。虽然美好人生是多元的，但也有普遍的成分，基于我们对人的需求和才能的一般了解，有些需求的满足具有重要性和普遍意义，例如情感、友谊、知识的追求、美的欣赏、社会合作、有意义的工作等，这些需求不单对当事人有益，也很有可能令其他人受益。亚里士多德认为，人实现潜在的才能会感到快乐，而这种快乐会跟能力的增强和复杂性的增加成正比。换言之，越精于某种活动，或某种活动越复杂，人就会越有满足感，因为它能给予我们新奇的经验及创造的空间，形成个人的风格。正如歌德(Johann Wolfgang von Goethe)所说，最大的幸福就是发展我们与生俱来的才能。不过，具体的人生计划和目的是怎样的，那是各人自家的事。但德性对于不同的美好人生来讲，也十分重要。例如要在专业或职业上取得成就，亦需要拥有某些德性，如勇气、坚毅、努力、明智，等等。

人生的神秘性

也许有些人相信人的命运是被决定的，无论怎样努力也是枉然。这涉及决定论和自由意志的争论，在《自由》那一篇略有讨论，这里我只想交代自己的看法。命运有着神秘的一面，也可以说人生在某种程度上是被决定的，但人也有自决和努力的空间，至于能否成功，亦有客观环境的限制，正所谓“谋事在人，成事在天”。人一出生，就有很多既定的东西加诸我们身上，也可以说是被决定，例如种族、性别、潜能、家境和社会背景等。当然，有人条件好一些，有人差一些，我们就在这些既定的条件下做出努力和选择，实现各自的人生目标，人生意义不仅在于目标的达成，追求过程本身也构成了部分的人生意义。

我认为，人生存在着某种和度的神秘性，难以用理性解释清楚，譬如当我回顾自己的人生时，发现某些事件好像是预先安排好的，当然，有这样的计划并不表示计划就一定会顺利执行或完成。由于不便透露太多私人经历，我只以两个事件说明。一个就是前面提到的大学转读艺术之事，未读大学之前我并未发现自己有绘画的天分，读中学时当然也没想过将来会读艺术，会考就更加没有考美术科。另一件奇怪的事发生在大学第四年的下学期，这一段时间我正忙于毕业创作，但竟然突发奇想，想报读哲学系的硕士课程，就像是有人将这个念头放在我脑中一样；然而，四年以来，我并未修过任何一门哲学课，虽然间或也跟同学信口开河，讨论一些所谓哲学问题，却不见得对哲学特别有兴趣。当时报读哲学系硕士课程需要入学考试，我用了两个月时间来读书（这是我四年大学生涯最刻苦的时候），竟然考上了，也顺利通过面试。从读艺术和哲学这两件事看来，虽然都是由自己做抉择，但似乎又想不出有什么充分的理由或特别的原因，表面上看来是偶然，但我相信这其实是自己冥冥中所拟定的人生计划。人生的确存在着神秘的一面，有待各人自己去发掘。

关键词再思考	人生目标　价值判断　自主　人生阶段　终极性　人生目的　起源谬误
相关篇章	《自我》《自由》《善恶》

这是我创作的一件立体作品，名为《两个棺材，一个给我，一个给恐怖分子》，棺材象征人生的意义或人生目的，我的人生意义就是成为一个杰出的画家，所以我有一个油画箱造型的棺材；而恐怖分子的人生意义则是为了复仇，手榴弹形的棺材对他们就最合适不过。但充满仇恨的人生又怎会是美好的人生呢？

《两个棺材，一个给我，一个给恐怖分子》(2009)

作者：梁光耀
原作物料：木，玻璃纤维
尺寸：215cm×46cm×99cm，
181cm×150cm×166cm

自我

不要太自我，但要提升自我，更要保持自我。

大概是小学三四年级的时候，有一次家里只有我一个人，本来我正在玩玩具，忽然间有一种奇怪的想法，就是认为这个世界上只有我一个人是真实存在，其他人都是假的。在我没有观察时，他们其实是不会动的，于是我连忙走到窗边，看看街上的人是否真的会走动。

这是一种非常奇怪的体验，我从来没有向别人提过，后来读了哲学，发现有一种理论叫作“唯我论”，认为这个世界唯一可以肯定的就是自己心灵的存在，至于其他人是否真的有心灵，那就不得而知了，我当时正是真切体验到这种主张。然而，“我”是否就是心灵呢？

近代法国哲学家笛卡儿（René Descartes）正是由自己的心灵存在开始，推论出上帝存在，然后再推论出世界存在及他人的心灵存在，反驳了唯我论。笛卡儿认为，人是由心灵和身体所构成的，这称为心物二元论，但心灵才是“我”，而心灵的特性就是思考。

笛卡儿的论证

我可以怀疑一切都是虚幻的，但不可以怀疑自己正在怀疑

▽

我的心灵存在

▽

我的心灵有完美的概念，但人并不完美，此概念一定来自上帝

▽

上帝存在

▽

上帝既然是全善，自然不会欺骗我们

▽

世界及他人心灵存在

认识自己

如果人的本质在于心灵，而心灵的本质又在于思考，那么思考的本质又是什么呢？我认为，那就是自我的意识，正如笛儿尔所说："我是真实存在的，但是是什么样的存在呢？是一个会思考的存在。"自我意识就是可以进行自我反省及自我理解，这也是个人得以成长和进步的关键。古希腊有一座德尔菲（Delphi）神殿，石碑上刻有一句话："认识自己。"无独有偶，老子也有一句话叫作"自知者明"，可见智慧无分东西。但问题是，认识自己什么呢？

有一个哲学问题叫作"我是谁？"在某种意义上，这是一个伪问题，因为"我"就是指提出这个问题的人，但谁会不知道自己的名字，不知道自己的身份，对自己一无所知呢？除非是失去了记忆，才会有此一问；又或者处于唯我论的状态，对外界的一切甚至自己的身份都产生怀疑。但其实也可以这样理解，提出"我是什么？"或"我是谁？"这个问题的人，想认识的是关于自己的某些真相，例如自己的才能、性格、优点、缺点等，又或者想做一个"真正的自己"；前者跟自我理解有关，后者则涉及自我实现。一般来说，自我理解是自我实现的先行条件或先决条件，能够充分认识自己的才能、性格、优点和缺点，就容易定下适合自己的人生目标，集中力量，得以不断改善和进步。古希腊哲学家赫拉克利特（Heraclitus）说："性格决定命运。"有些人常常遭遇相似的事，或是碰到同类的问题，因而归之于命运，但其实是他的性格所致，所以认识自己的性格，也有可能改变青年人这样的状况：由于过于感性，受了一点痛苦就容易放大来看，常常困于自卑的形象，又老是想着自己的事。也可以说，人在年轻时期比较以自我为中心，很难客观地看待自己，所以年轻人对自己的认识往往不大准确。

自我 VS 绝望

祁克果对于自我和绝望的关系有深刻的反省，三种自我问题对应着三种绝望。

不知有自我	▷	终日沉迷于享乐之中，或是被教导迎合社会既定的标准，这是最低度的绝望，当事人未必知道自己处于绝望之中
不愿有自我	▷	发现了自我，但又不愿成为自我，因为实现自我就得承担责任和压力，转为追求世俗之物，这是绝望的深渊
不能成为自我	▷	愿意成为自我，但由于能力有限，很难实现，因而感到绝望

自我实现需要不断努力和长时间的专注，但社会上流行的价值观、社会的规范、个人在社会上的角色等又往往对人造成束缚，妨碍个人的自我实现。从这个角度看，个人和社会存在潜在的冲突。有时，从社会束缚下解放出来之后，人就有机会重新理解自己，找到所谓的“真我”，认识到自己真正想要的东西。很多电影都涉及自我理解这个主题，主角通常因某种原因（通常是出现身份认同的危机），离开了自己的家园或所属的地方，经历一段旅程，对自己产生新的理解，找到“真我”，从过往的束缚中解放出来，得以重生。但这个所谓的“真我”究竟是什么呢？有些人认为，“自我”不过是社会化的结果，我们的身份、性格和能力很大程度上受到传统、家庭、社会、传媒和学校的各种影响。不过，也有人认为，“真我”指灵魂的个性，并且相信，每个人投生之前，都已拟定好一个人生计划，而“自我实现”的其中一个意思就是实现这个出生前的计划。“自我实现”通常的意

思是指实现我们的潜能,做我们真正认为有价值的事情,这两个意思的自我实现并没有冲突。

自我结构

虽然每个人的潜能和性格都不同,却有着相同的自我结构;正如高矮肥瘦,各有不同,但人的身体结构都是一样的。柏拉图是首位向我们说明自我结构的哲学家,他认为人的自我结构(灵魂)有三部分:理性、意志和情欲,理性是人的高级能力,而意志和情欲是人的本能,意志是高贵本能,而情欲则是低级本能。柏拉图主张运用

柏拉图的人性论与理想国

在柏拉图的理想国中,有三个主要阶层:统治者、战士和生产者。统治者要管理国家,需要的是智慧;战士要保卫国家,需要的是勇敢;生产者要做一切生产劳动的工作,并供养以上两个阶层,需要的是节制。这三个阶层建立于他的人性论基础上。

人性	理性	意志	情欲
	▽	▽	▽
品德	智慧	勇敢	节制
	▽	▽	▽
社会	统治者	战士	生产者

用理性控制意志，这样意志就可以协助理性来控制欲望，使人的身心得以和谐。

虽然柏拉图为我们揭示了自我结构的三部分“知、情、意”，但对于“情”的方面，他只注意到人的情欲，并未肯定情感的力量。我们不妨比较一下柏拉图和笛卡儿对自我的看法，柏拉图是古代哲学之父，而笛卡儿则是近代哲学的开创者，虽然两者都重视理性，但柏拉图还肯定心灵有情、意两部分，而笛卡儿则将心灵化约为理性，忽略了人的情意。笛卡儿崇尚理性，认为理性足以审判一切，这种认为理性万能的观点经启蒙运动广泛传播。不错，我们在自然科学上取得了巨大的成就，于是社会学家也以为可以像自然科学对待自然一样，对社会进行预测；以为也可以像工程学对待机械一样，对社会进行改造，这产生了后来以理性来规划社会的社会主义，也必然会导致强迫个体服从所谓集体目标。在某个意义上，这也可以说是崇尚理性，忽略个体情意的恶果。

康德所写的三大批判，主题分别是知识、审美、道德，不但对应传统讲的“真、美、善”三大价值，也对应着“知、情、意”的自我结构。三大批判要探讨的是知识、审美、道德这三样东西之所以可能的先验条件。关于自我，康德也提出了三个基本问题，分别是“我能够知道什么？”“我应该做什么？”及“我可以期望什么？”跟认知、意志和感受也有着对应的关系，我认为第三个问题最能显示“真我”，因为答案可反映每个人真正想要的东西。

康德的“批判”与“自我”

三大批判	主体能力	对象	价值	自我
第一批判:《纯粹理性批判》	理解力	知识	真	认知
第二批判:《实践理性批判》	理性	道德	善	意志
第三批判:《判断力批判》	判断力	审美	美	情感

“知、情、意”的提升

如果比较柏拉图和康德有关“自我”的看法,康德较重视“知、情、意”的独立性,而柏拉图则强调理性的重要性和主宰性;在“情”的方面,柏拉图关注的是其负面之处,认为要对情绪欲望加以控制,而康德则看到它的积极意义,成就审美和艺术。康德的第三批判不单是探讨审美,它还是用来沟通第一批判讲的现象界知识和第二批判讲的本体界道德自由;我们也不妨效法康德,将情感用于调和人的认知和意志,缩减两者的差距,例如认知上我们知道要努力学习,但意志却不够强,所以最好的方法是培养学习的兴趣,或者从自己最有兴趣的地方开始学习。

有趣的是,现代社会讲的IQ(智商)、EQ(情绪智商)、AQ(逆境智商),也正好对应着“知、情、意”这三部分,IQ泛指一个人学习、理解和判断的能力;EQ则是指一个人了解和管理情绪的能力;而AQ

是指一个人对抗逆境的能力。提升自我的其中一个意思就是提升这三种能力。但我认为IQ的说法过于狭窄,第一,因为它假定了智力由遗传所决定;第二,传统的智力测验只适用于学业成绩,有所偏废。我认为在认知能力方面,主要分为理性和知性两种能力,可以通过学习不断改善,后面会再说明。中国人有所谓“七情六欲”的说法,情与欲相连,但七情并没有统一的说法,儒家和佛家都有不同的说法,我认为比较重要的情绪有快乐、愤怒、悲伤、恐惧、忧虑、厌恶、憎恨、羞愧。其实情绪不一定都是负面的,愤怒和羞愧可以激发人的上进心,恐惧亦可以令人谨慎行事,所以重要的是能够主导自己的情绪,而主导情绪的先决条件就是认识自己的情绪。首先我们要有自觉,即是在情绪发作的时候,能以一个旁观者的角度审视自己的情绪,由此可见,管理情绪跟认知能力有关。其实柏拉图说用理性控制情欲,也可以理解为情绪管理,但相比之下,恐怕情绪比理性有更大的力量,而最有力量的情绪就是愤怒。16世纪的荷兰哲学家伊拉斯谟(Desiderius Erasmus)认为,情绪跟理性的力量比例是24∶1,看来单凭理性是很难驾驭情绪的,难怪柏拉图主张意志必须协助理性,才能发挥力量。

情绪是一种即时的反应,所以管理情绪的一个方法就是学会忍耐,而听音乐是一个调节情绪的好方法。在柏拉图的理想国中,教育分为三个阶段,初等教育从七岁开始,所有儿童都要接受该教育,学习的科目有音乐和体育,目的是达到身心和谐,培养节制的品德。孔子也很重视音乐教育,“五经”和“六艺”中都有音乐,前者是理论,后者是实践;除了音乐之外,孔子也十分重视诗教,其中一个原因就是诗“可以怨”,读诗有助纾解怨恨。

调节情绪的方法

《EQ》的作者丹尼尔·高曼(Daniel Goleman)在书中提出了五种调节负面情绪的方法,其实调节情绪的方法有很多种,而且效用因人而异;不过,我反而觉得听音乐的效果有很大的普遍性。

运动 ▷ 可纾解压力,忘却情绪的困扰

善待自己 ▷ 培养愉快的心情

改变观点 ▷ 从另一个角度审视自己,发现没有原来那么糟糕

帮助他人 ▷ 助人可以肯定自己

宗教信仰 ▷ 宗教能带来心灵平静

能够主导情绪,就可以有稳定的心境,并将情绪导向有利于实现自己的目标,而且也容易了解别人的情绪,有助于维持良好的人际关系。

要抗拒逆境,需要增强意志力,一般来说,有吃苦经验的人的意志力都比较强,遭遇挫折也有较高的承受能力。所以小时候多吃一点苦头是好事,这就好像打疫苗,吃苦正是抗逆的疫苗。也难怪今天的年轻人甚至中年人的抗逆能力偏低,因为他们成长于一个富裕的时代,少有吃苦的经验。当我们身处逆境的时候,最容易出现的情绪就是“怨”,有时埋怨父母,为什么不是富裕人家?有时埋怨社会,为什么这么不公平?有时甚至埋怨上天,为什么自己生不逢时?埋怨令人看不到自己的问题,所以纾解怨恨也有助于对抗逆境。但要成功克服逆境,就必须找寻出路,所以反省很重要,要认识自己的不足和缺点,加以改善,才有成功的希望。然而,光说不做也依靠为抉择的能力,而“自我”亦可以理解为一个不断塑造的过程,是由每一次选择慢慢形成的,从这个角度看,意志力最能彰显人的自主性。

无论我们有什么潜能，或有什么人生目标，比如做一个成功的运动员，或是一个出色的艺术家，提升“知、情、意”的能力都有助于我们达成目标。

IQ、EQ、AQ

IQ	知	认知力	▷	知识、分析、理解	▷	
EQ	情	情绪力	▷	管理情绪	▷	成功
AQ	意	意志力	▷	抉择、行动	▷	

以上讨论了传统意义上自我结构的三部分，但有人认为意志并非一种独立的能力，例如16世纪的英国哲学家霍布斯（Thomas Hobbes）说，人的所有行为都是受情欲所驱使，意志不过是人用理性考虑行为的各种后果之后所出现的爱恶。不过，我们发现两岁的小孩也会愤怒，所以愤怒不但是情绪，也是意志的表现。

对于自我的基本能力，我个人的看法跟西方传统有点不同。首先，关于“知”，我将它分为理性和知性两种，但跟康德所讲的理性和知性并非完全等同。知性泛指我们学习知识的能力，知性越高的人，累积的知识也越多；至于理性，则较为纯粹，它是一种认识事物道理、把握整体的能力，比如说有些人有很丰富的知识，知道很多东西，却不能做出判断，那就是因为理性薄弱。至于“情”，我认为有所谓感受的能力，可称为“感性”，这跟美感和艺术有关，艺术可以说是感受能力高度发展的产物。一般来说，儿童的感性高于成人，女性高于男性，艺术家高于一般人。

柏拉图过分重视理性，压制情感，难怪艺术家要被逐出他的理想国，但这不过表示柏拉图忽视情感，不理解艺术的价值。另外，还有一种叫“悟性”，它涉及超越界的事物，跟宗教讲的觉悟有关，有着神秘的一面，有些人目不识丁，却有很高的悟性，如禅宗的六祖慧能就是如此。

理性和知性关系密切，都跟学习有关；而感性和悟性亦较为相近，属于直觉方面。柏拉图所讲的理性、意志和欲望，分别坐落于身体的头部、胸部和腹部；而我所讲的理性和知性，都是位于头部，而感性和悟性则位于心。感性和悟性的先天成分较重，例如，“爱”就跟它们有关；而理性和知性的发展则需要后天的学习，例如“善恶”，必须学习知识才能做出判断。

理性、知性 VS 感性、悟性

后天	头	知性	学习能力	▷	知识
		理性	掌握整体		
先天	心	感性	感受能力	▷	艺术
		悟性	觉悟能力		宗教

小我、大我与自我

现代文明是一个知性主导的文明，超越和形而上的东西都被边缘化，很多现代人试图在算命、风水之类的东西上满足一下所谓的悟性，但这只是非常低度的悟性。感性也是一样，大部分人的感性都受到广告和商业的影响，只有被动地消费，等而下之的就是用“黄、赌、毒”满足感性的需要。传说中有一个比柏拉图提到的亚特兰蒂斯文明（Atlantis）更古老的雷姆利亚文明（Lemurians），这是一个感性十分发达的文明，大部分人都沉醉于艺术之中，每天都要花几小时来听音乐，就连政权所属也以艺术比赛来决定，今天我们听起来难免有点匪夷所思。

有些人跟柏拉图一样，认为所谓的“自我”其实就是灵魂，正如在本书《死亡》那篇所讲，他们的灵魂是轮回的主体，每一次人生都是灵魂来到世上学习，而每一次死亡也就是一次觉悟的机会，经过无数次的轮回，灵魂也就形成了自己的个性，具备特别的才能，所谓天才其实不过是过往多世所累积的成果。

但不断轮回的意义在哪里呢？我认为，应当将此理解为以“完善”为最终目标，并在过程中体会自我进步的快乐。前面提到，“我”是用来指称用这个字说话的人，“我”其实是一个具有指代性而并非描述性的字眼，“我”可以缩小和扩大，只顾自己的利益和感受，就是“小我”。记得小时候有一次爸爸打姐姐，那种打不是现在讲的体罚，而是用拖鞋、皮带、衣架、橡胶管之类的东西狂抽。当时我心里十分害怕，但同时又问自己：“打的是姐姐，又不是我，为什么要害怕呢？”但我很清楚当时害怕的原因并非担心会殃及池鱼，而是感同身受，那就是“我”的扩大。“我”也可以扩大为“群体”“国家”“宇宙”，甚至有些宗教中提到的“超越界”，这可称为“大我”，如印度教讲的“梵我合一”。

“自我”的确是一个意义繁多且多有冲突的字词，有时我们批评人“太过自我”，其实就是指责他以自我为中心，凡事只顾自己，不理会别人的感受,自私自利、自以为是,等等。有时我们又会说要“保存自我”,意思是要有个人的理想,不要人云亦云,随波逐流。至于说“提升自我”,那就是提升自我的能力,最基本和重要的就是人的“知、情、意”,还有一个神秘的“悟性”。从悟性的角度看,自我实现也有一个超越的导向,就是扩大自我到“超越界”,例如儒家追求的圣人、道家的真人、佛家讲的成佛,等等,都跟悟性有着密切的关系。

关键词再思考	自我理解　自我实现　自我结构　理性　知性　感性　悟性　完善　超越
相关篇章	《人生》《自由》《善恶》

未读哲学之前我是念艺术的，那时我有一件作品叫《意志自由》，肋骨内的雀鸟代表意志，但受困的意志真的自由吗？它要不断对抗代表欲望的蝴蝶。读了哲学之后，发现柏拉图讲的灵魂三分跟我这画有着对应的关系，不错，当时我欠缺的就是理性，这也可能是我转读哲学的预兆。

《意志自由》(1989)

作者：梁光耀
原作物料：油彩
尺寸：122cm×152cm

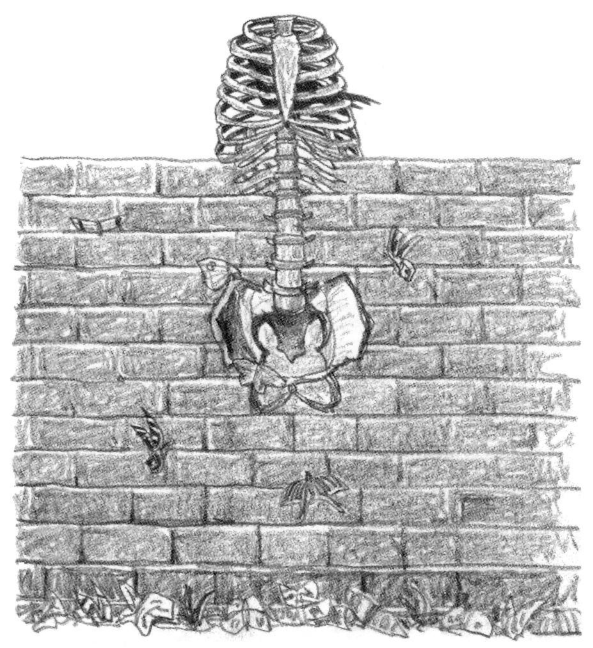

自由

自由是起点，也是终点。

读小学时，放学后必须立刻回到家里，很少有机会跟同学到公园玩，偶尔有一次可以去的话，那种自由的感觉实在难以形容。但即使常常被关在家里，总的来说，小时候却又经常伴随着一种自在的感觉。

一谈到自由，我就想起卢梭的名句：“人生而自由，却处处在枷锁当中。”小孩子常常会觉得自己没有自由，例如他不能决定今天晚饭吃些什么，明天又不能不上课，更不可能像鸟儿在空中飞翔。他们总以为，长大之后就会跟大人一样拥有很多自由。然而，大人反而羡慕小孩子无忧无虑、自由自在的生活。究竟是大人的自由多，还是小孩子拥有真正的自由呢？如果从外在限制来看的话，那当然是大人的自由比小孩子多，因为至少小孩子要受到父母的约束。但若是着眼于内心的自在，则恐怕是小孩子比大人更自在；因为小孩子不用工作，也没有什么重大的负担或责任，自然能无忧无虑地生活，小孩子即使有不快之事，睡一觉也就忘记了。不过，我认为还有一个原因，就是小孩子未有太多世俗的污染，跟所谓的“实在界”比较接近。柏拉图相信，灵魂未投生到现世之前，生活在自由自在的“实在界”。我们常说的“赤子之心”，大抵就是指小孩子自由活泼的心灵。

两种自由

以上所讲的两种自由，大抵对应于所谓的“外在自由”和“内在自由”。简单来说，外在自由的核心意义就是行动自由，不受人为的束缚和限制，这样就可以排除自然律对我们限制的“不自由”，所以我们不可以像鸟儿般飞翔并非不自由。我们讲的失去自由一般指的是外在自由，例如被监禁，欠缺外在自由的典型人物正是囚犯。即使囚犯失去了行动自由，他仍可拥有思想自由，甚至是阅读的自由。

外在自由的有无或多少，容易做出客观的判断；但内在自由则是主体的感受，须由当事人来确认。内在自由的核心意义在于自主性，一种自己属于自己的状态，比如奴隶正是欠缺内在自由的典型人物。一般所讲的心灵自由、精神自由都属于内在自由的范围。内在自由有着不同的表现方式，如孔子的“从心所欲而不逾矩”，指的是道德方面；又如佛教和道教的打坐，达致心静无欲，则是宗教修行；其中比较特别的是庄子的“逍遥游”，这是一种带有很强审美性质的精神自由，超越名利、是非、善恶，观赏万物的运行而又不会沉迷其中。事实上，艺术跟自由的关系最为密切，艺术家为了创造最好的作品，必须摆脱外在的限制和内在的束缚（如名利），这样才能专心一意，自由创作。我认为内在自由涉及形上的层面，一个现世欲望很重、对外在事物十分依赖的人，是难以达致心灵平静，体会到内心自在的。

英国哲学家以赛亚·伯林（Isaiah Berlin）所讲的“消极自由”和“积极自由”，也对应于外在自由和内在自由的区分，不过两者并非完全等同。伯林对消极自由的界定正是不受人为的外在限制；但他并不主张积极自由，因为提倡积极自由往往会导致自由的反面：强制和不自由。例如，马克思主义所讲的“自由和解放”就是一种积极自由。不过，我认为内在自由应该由自己去追求，不须政府来提倡，政府的责任只在于保护我们的自由不受侵犯。

人为的外在限制

伯林将消极自由定义为不受人为的外在限制，主要分为三种：

第一种	他人对我们身体的限制
第二种	国家或法律对我们行为的限制
第三种	社会舆论对我们造成压力，产生限制我们行为的作用

决定论与自由意志

无论是外在自由或内在自由，都是人类自古至今所向往的，谁都喜欢无拘无束，自由自在，做自己喜爱的事情。不过，哲学上有一种理论叫作"决定论"(Determinism)，它认为自由只是一种假象，人根本没有自由意志，因为一切早就被决定了，你以为自己可以选择上餐馆或是看电影，其实完全是错觉。决定论有着不同的版本，比如有人相信上帝的话，就可能要面对上帝决定论。上帝决定论认为，既然上帝是全知，当然知道将来会发生什么事；换言之，未来已经是被决定了。被谁决定？那当然是上帝。也可以这样解释，上帝在创世的一刻，已经决定了一切，我们不过是照着上帝的剧本行事。耶稣被钉十字架固然是上帝的计划，就连魔鬼作恶也是上帝所安排，谁人得救、谁人不得救亦都是上帝的旨意。如果是不相信上帝而相信科学的人，就可能要面对因果决定论。因果决定论认为，每一个事件(包括心灵事件)都是之前的原因所决定的，而这些原因本身也是一连串的事件，亦是被再之前所出现的原因所决定，这样不断向前追溯，于是有人认为宇宙大爆炸就是决定一切事物的第一因。最近，神经科学的研究结果似乎进一步支持这种主张，有不少实验显示，在我们有意识做决定之前的几毫秒，大脑负责决策的前额叶皮质区早就有了反应；换言之，在我们意识到自己做决定前已经有了决定。但我怀疑这可否用来支持决定论，因为我们仍可以解释为“在意识到决定前我已经做了决定”，所以还是自己做决定。

本体 VS 现象

康德认为，现象界受因果律支配，我们并无自由可言，而道德实践则必须预设人有自由意志，所以，道德和自由并不属于现象界，只属于现象界背后的本体界。

现象界	受因果律的支配，是科学研究的对象
本体界	是现象界的基础，无法透过理性认识，但能通过道德实践来把握

有人认为，如果决定论是对的话，我们根本没有选择的可能，所以也不需要对我们的行为负道德上的责任，杀人犯其实不得不杀人，恶人命定就是恶人。然而，根据决定论，也可以说我们是被决定要对我们的行为负道德上的责任。由此可见，无论情况怎样，都可以用决定论来解释，它根本不被任何可能的经验证据所推翻。从这个角度看，决定论只是必然为真却缺乏经验内容的空废理论。

不过，我们也可以想象一种有经验内容的因果决定论，例如，200 多年前的法国数学家拉普拉斯(Pierre-Simon Laplace)就提出了一个思想实验：一个高智能的存在能知道所有自然律，并掌握一瞬间的所有经验资料，那就可以对将来进行正确的预测。即使如此，我们仍然可以区分经验上的自由和不自由，没有被人为限制或束缚，由自己决定的行为就是自由，所以我们仍然要为自己的行为负责任，自由必须伴随着责任。存在主义者沙特(Jean-Paul Sartre)甚至认为，人注定是自由的，因为人不可避免要做出抉择。沙特的名句是“存在先于本质”，意思是人其实并没有本质，每个人都是独特的，人是先存在，然后运用自由做出选择，创造出自己的人生，并为自己的行为负责。不过，我认为沙特夸大了人的自主性，好像人想成为什么就一定会成功似的，人也有着先天和后天的限制，我们不过是在这些限制的范围内追求自己的目标。就以患有唐氏综合征的病人为例，智能在先天上就受到很大的限制，即使怎样努力也难以跟常人看齐。

自由权利的重要

人虽然面对着各种限制，但仍有选择和努力的空间，因为人有自由追求自己的人生意义和目标。在人类追求自由的历史中，有两个很重要的人物，一个是 17 世纪的英国哲学家约翰・洛克(John Locke)，他是自由主义的奠基人，首位将自由视为人基本权利的哲学家(生命和财产是另外两种基本权利)。洛克认为，损害人的权利在道德上是错的；因此将自由视为权利是对自由最大的保障，而政府的责任就在于保护我们的基本权利。在联合国的《人权宣言》中,属于自由的权利就有:行动及迁徙自由(第 12 条);思想、良心和宗教自由(第 18 条);意见及表达自由(第 19 条);集会及结社自由(第 20 条)等。要注意的是,“自由”和“权利”是两个不同的概念,不要混淆,权利是合理的索取,所以一般来说,违反权利在道德上是错的,例如我们有言论自由的权利,所以禁止言论在道德上是错误的;但限制人的自由就不一定是错,例如不容许人有偷窃的自由。

自由与民主

跟自由主义相反的是极权主义,逻辑上,我们可以有极权的民主政治,或自由的权威政治,不过在经验上,民主政治和自由主义最能配合在一起;因为在民主制度中,我们有权投票选举统治者,也有权参与法律的创制,这样就能更有效地保护我们的基本权利。

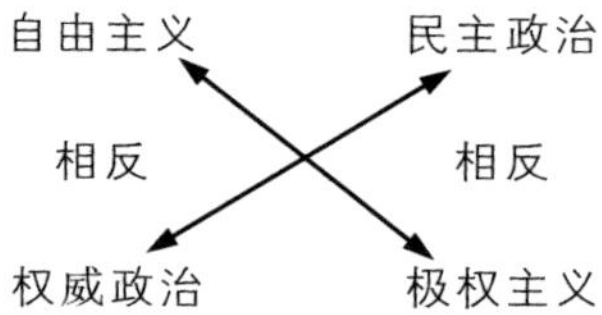

除了洛克之外,另一个对自由有重要贡献的是 19 世纪的英国哲学家穆勒(John Stuart Mill)。穆勒的贡献主要有两个,第一是指出自由和幸福的关系,由于每个人的个性、兴趣和潜能都有很大的差异,用传统和习俗规范每个人,要大家过着同一种生活,会有损个人潜能的发展。一般来说,没有人比自己更清楚何种生活对自己最有益,有了自由,我们就可以自行探索,发掘自己的潜能,并尽量加以发挥,过着适合自己的幸福人生。由此可见,自由正是幸福的必要条件。特别重要的是思想和言论自由,没有思想自由,我们又怎可定下自己的人生目标;而通过自由讨论,让人提出异议,就能发现错误,减少出错的机会,过往那些自以为拥有绝对真理的统治者,事后都被证明是错的。自由不单有助于我们发现真理,而且有利于创造新的事物,增加社会的多元性,令社会得以发展和进步。由此可见,自由不但对个人有利,对社会整体也有利。

自由的好处

- ▷ 每个人都可以发展他的潜能,追求自己的幸福人生
- ▷ 自由带来创造,对社会的发展和进步很重要
- ▷ 通过自由讨论,发现真理,避免错误

为自由设限

自由虽然重要,但也不可以毫无限制;因为没有限制的自由必然会导致冲突和战争,正如歌德所说:“强者为所欲为,弱者懒惰倦怠。”如何为自由设限才合理呢?记得小学时的社会课老师说:“人有自由做任何事,只要不伤害他人。”这就是穆勒主张用来限制自由的“不伤害原则”,也是穆勒对自由的另一个重要贡献,为自由设限的同时,也表示在这个范围内的自由是神圣不可侵犯的。直觉上,这是一个近乎自明的原则,穆勒亦说它是一个易于遵守的简易原则。举个例子,虽然我们有言论自由,却不可以随便在戏院大叫“着

火了”，因为这会造成混乱，导致伤亡。

自由 VS 伤害

我们有自由做任何事，只要不伤害其他人。不伤害什么？主要就是我们的基本权利，这需要法律来保障。但基本权利却不是绝对的，否则的话，任何惩罚都必须取消。

法律禁止的行为	保障 ▷	基本权利	◁ 侵犯	法律上的惩罚
谋杀		生命		死刑
禁锢		自由		监禁
抢劫		财产		罚款

然而，对伤害的界定存在不少灰色地带，伤害他人的身体和财物当然是伤害，但伤害他人的心灵又如何判定呢？那些令人感到不安、厌恶或愤怒的言行又算不算是伤害呢？像粗言秽语这类行为，很难说会造成什么实质的伤害，但可以肯定是冒犯；不过，身体的伤害和财物的受损可以客观衡量，比较起来，冒犯就较多是主观的感受。我认为，对于严重的冒犯行为也应做出限制，不伤害原则并不是唯一限制自由的标准。此外，保护动物和环境也是对自由的合理限制。

至于那些只伤害自己而不伤害他人的行为又如何定义呢？比如说那些严重伤害自己的行为：自杀和吸毒。也许我们会说，阻止人自杀或禁止人吸毒，都是为了当事人的重要利益，因此不得不限制他的自由。正如法规规定乘坐某些车辆要佩戴安全带，那就是为了保障乘客的生命安全，但同时亦限制了他的人身自由。这种限制是合理的，因为若发生交通意外，不佩戴安全带很有可能造成伤亡，而佩戴安全带所限制的自由只是很少和短暂的。至于未成年人，心智尚未成熟，未有自主的判断能力，为了保障他们的利益，限制他们的自由也是合理的，例如法律禁止与未成年人发生性关系，及强制儿童接受教育。

很多表面上只伤害个人的行为，其实也有其社会代价，就以吸烟为例，由于吸烟所引致的各种疾病，其医疗费用非常昂贵，而且政府也要花钱帮助戒烟人士。又如沉迷赌博，亦会影响家人，令他们间接受到伤害。

自由带来的问题

自由登上人类的政治舞台之后，引发了一连串革命，英国的光荣革命、美国独立战争、法国大革命，在某种意义上，这些革命都可以说是为了争取自由；第二次世界大战时，同盟国也是以捍卫自由为其精神上的支柱。在今天的世界，仍有不少地方以争取自由为政治的诉求，谋求改革。不过，在崇尚自由的现代社会，自由也带来某些社会问题。不错，跟古代相比，现代人拥有很大的自由，但同时亦产生很大的不安。因为有了自由，就会对自己抱有期望；然而，在竞争激烈的现代社会，大部分人都未能实现自己的目标，遭受挫折和失败。难怪美国的心理咨询那么盛行，其实中国人也有中国式的心理咨询，那就是看相算命。

虽然说自由必须有所限制，不是真的可以为所欲为，但其实当中也存在不少灰色地带；而且过于崇尚自由又会容易产生滥用自由、放纵及自我中心等问题。举个例子，前一阵子气温骤降，香港的最高峰大帽山出现结霜现象，吸引大批市民拥到山上观看，但因为路面结霜，导致不少人滑倒。政府为了市民的安全，决定封山，但有些人竟然强行登山，还说政府侵犯他们的自由权利，他们忘记了若困于山上，还不是需要他人来救援吗？

但对自由批评得最多的还是在自由经济方面。在资本主义这种自由经济体系中，注定会贫富悬殊，形成不同的阶级。通常经济利益又会跟权力和声望等联系在一起，结果是高阶层的人士占有大部分社会利益，经济不平等又会直接影响低下阶层所拥有的机会，使阶级延续到下一代，贫富的差距就越来越大。

自由主义者认为，人人都享有人权就是平等，对于“经济不平等”的批评，多数自由主义者认为是合理的，不过他们会强调机会平等，比如过去对女性入职的歧视就违反了机会平等。亦有些较重视平等的自由主义者，例如当代美国哲学家罗尔斯（John Rawls），他主张应尽量在起点上做到平等，给予先天资质及后天环境较差的人多一些社会资源。至于那些在竞争下失败的人，则需提供社会安全网，让他们可以重新站起来。从社会功能的角度看，报酬的不平等不但有激励的作用，亦有助于选拔合适的人来从事相关的工作，例如医生，除了天资之外，也需要长时间的训练，如果没有高报酬的话，就不可能吸引适合的人做医生。也就是说，有能力和有贡献的人，应得到多一些的社会资源和经济利益。相信在未来的一百年，这种不平等还是难以消除。的确，自由能带来繁荣，这也是自由经济优于计划经济之处。

罗尔斯的公正原则

罗尔斯的两个公正原则可分为三部分，平等自由原则优先于均等机会原则，均等机会原则则优先于差异原则。

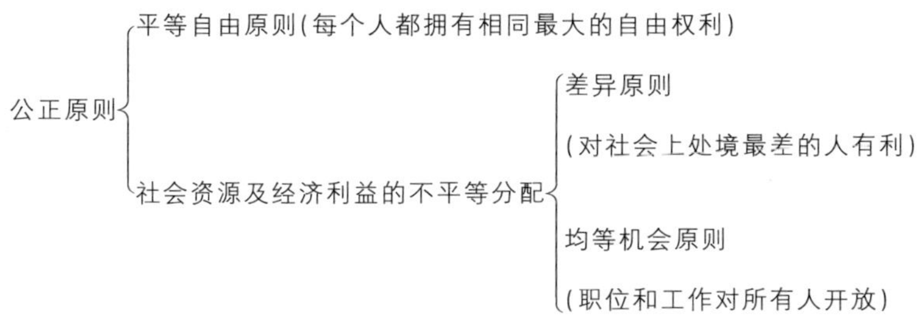

不少人赋予自由很高的价值，有所谓“不自由，毋宁死”的说法，意思大概可以理解为“宁愿死去，也不愿失去自由”。但我认为自由的独特之处在于其先行意义，有了自由，我们就可以追求理想，实现其他价值；因为自由意味着选择，选择实现何种价值，选择过一种怎样的人生。当然，最后不一定成功，但结果也是公平的。正如打麻将，假定没有人出千的话，即使最后有人是大赢家，有人是大输家，这样的结果也是公平的。因此，在现代多元化的社会，我们最需要的就是公正的制度，让大家自由和公平地竞争，此所谓“自由先于平等，平等跟随自由”。

自由也意味着多元的价值，这些不同的价值又可能存在潜在的冲突，但在民主的社会，我们可以通过协商达成共识或妥协。在多元价值之下，发生冲突也是无可避免的，正如伯林所讲，“协商是解决纷争的方法”。由此可见，容忍和说理是现代社会的两个重要德性。

还有，要捍卫自由，避免自由的滥用，使大家能做出更适合自己人生目标的选择，抵抗广告和政治的宣传。在教育上，我们必须训练学生批判思考的能力，这样他们才能够做出合理的选择。

关键词再思考	外在自由　内在自由　决定论　不伤害原则 基本权利　幸福　公正制度　多元价值
相关篇章	《人生》《自我》《善恶》

自从1789年爆发了法国大革命,自由就成为法国人追求的目标。法国画家德拉克罗瓦(Eugène Delacroix)有一幅名作,叫作《自由引导人民》(*Liberty Leading the People*),这件作品讲述了巴黎于1830年发生七月革命以反抗国王查理十世的专政。此画用笔豪放,色彩强烈,属于浪漫主义的风格,自由与浪漫真是天生一对。

《自由引导人民》(1830)

作者:德拉克罗瓦
原作物料:油彩
尺寸:260cm×325cm
现存:巴黎卢浮宫

善恶

只有至善，没有至恶。

儿童读物的角色总是善恶分明的，例如，狼就永远都是坏角色，《三只小猪》《小红帽》及《狼来了》等故事中的狼都是如此。跟很多小孩子一样，我小时候看电视也最喜欢问谁是好人、谁是坏人；也会认为好人必有好报，坏人必有恶报。有一段时间我走在街上，最喜欢的就是凭人的行为举止判断其为好人或坏人。

长大之后，我们才知道人其实十分复杂，善恶二分未免太简单了。有时我们会根据别人的态度将其分为好人或坏人，对自己好的就是好人，对自己差的就是坏人；但其实一个对我差的人，可能对他的家人十分好；一个对家人不好的人，也有可能对朋友十分好。或者可以这样说，好人就是经常做出善行的人，坏人就是经常做出恶行的人；但有时好人也会说谎，坏人也会帮人。当然，好人和坏人也有不同的程度。

但什么是善恶呢？善恶有两种相近但又并非等同的意思，一个是非道德的，善是指满足我们的欲望，恶是指欲望得不到满足，善就是正的价值，恶就是负的价值；而另一个则具有道德意义，简单来说，善就是利他的行为，在道德上是对的，恶就是伤害人的行为，在道德上是错的。也可以这样说，利己是非道德的善，利他则是道德的善。但利己不等于损人，正如先秦时期的隐士杨朱所说："人人不损一毫，人人不利天下，天下治矣。"不拔一毛以利天下，但也不取人家的利益，这样人人的利益都没有损害，不就是天下太平吗？虽然利己和利他也不一定有冲突，但经验告诉我们，为了帮助别人，好人往往要牺牲自己的金钱和时间，这样难免会损害自己的利益。

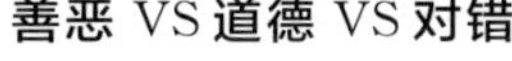

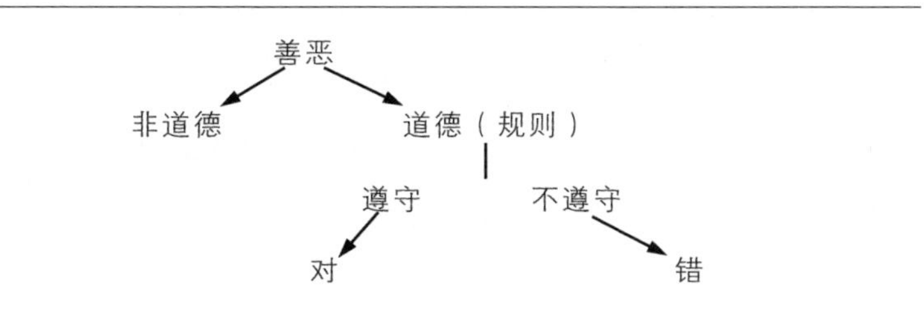

道德是主观的、相对的，还是客观的？

有人认为善恶是相对的，因为一种文化认为是善的东西，另一种文化可能认为是恶的。例如，古希腊社会认为奴隶制度是对的，但现代社会认为是错的；基督教文化认为同性恋不道德，但重视人权的现代社会则倾向支持同性婚姻合法化；汉族认为土葬是对的，但藏族人却认为天葬才是对的；食人族认为杀人来食并无不妥，我们却认为那是极不道德的。

以上的例子真的可以证明道德是相对的吗？我认为只是以偏概全，因为不同文化或社会都可以找到相同的道德价值，例如，杀人和偷窃是错误的，诚实和守信是对的。即使是盗贼，也不会认为偷窃是对的，因为他也不愿意自己的财物被盗，在盗贼集团内，也不会容许偷窃这种行为。社会之所以能够存在，基本条件之一就是成员必须遵守某些共同的（道德）规范；即使是食人族，也不会杀死自己的同胞来食，否则的话，食人族早就灭亡了。

虽然不同的文化或社会有着不同的道德规范，但并不表示这些规范都是正确的，例如，奴隶制度就永远都是错误的，因为它剥夺了人类两样重要的东西：尊严和时间。另外，有时不同文化的道德规范只是表面上的差异，背后其实有着相同的道德价值；例如，传统汉族认为土葬才合乎道德，根据是“入土为安”，那是爱的表现，藏族人却认为天葬才是对的，因为他们相信灵魂不灭和轮回往复，同样也是爱的表现。这些差异是信仰、认知、生活环境和历史等因素所造成的。

如果道德相对主义成立，道德判断只是相对于某种文化或社会才有真假可言，那么我们根本不可以批评其他文化或社会的道德观。例如，传统伊斯兰文化认为女子不应上学读书，这不就是歧视女性和违反人权吗？但别忘记这种父权家长制的规范也曾出现在过去的中国和西方社会。

反驳文化相对主义的理由

1. 不同文化或社会存在相同的道德价值或规范
2. 不同道德规范只是事实的描述，并不表示它们一定正确
3. 不同道德规范背后可以有着相同的道德价值
4. 批评不合理的道德规范，社会和文化才得以进步

另一种相对主义存在于个人层面，一个人认为是善的行为，对另一个人来说可能是恶的，道德判断只是一个人的好恶，这可称为道德主观主义，是一种极端的相对主义，它比文化相对主义更严重，因为文化相对主义尚承认在一定的范围内，道德是具有普遍性的，大家必须遵守。如果道德真的是主观，人人都有自己的标准，其混乱可想而知，社会秩序也难以确立。

要反驳这种道德主观主义很容易，我们可以先假定它成立，然后推论出自相矛盾，就可反证它不成立。如果道德只是个人的意见，则每个人的道德判断都是真的（假设大家都是真诚地报告自己的感受）；如果每个人的道德判断都是真的话，就不可能存在道德的争论，正所谓“萝卜青菜，各有所好”，没有争论可言，但事实上的确存在着道德的争论，所以道德判断就不只是个人的意见。还有，如果每一个道德判断都是真的话，人根本不可能犯错，但这明显不合

乎事实。

如果道德不是主观，也不是相对的，那么，道德就一定是客观的吗？如果客观是指存在普遍道德原则或价值的话，如仁爱、正义和人权等，那道德当然是客观的。从社会秩序方面来讲，如果没有“不可杀人”“不可偷窃”“守承诺”等道德规范，社会根本不可能存在，由此可见，这些道德规范具有普遍性，要注意的是，普遍并不等于绝对，绝对的意思是毫无例外。如果从理想社会的角度讲，公正是不可缺少的，人权也是一样，试想那些人权被践踏的社会，也不配叫作理想的社会，因为人的尊严得不到保障。

道德相对主义、主观主义与客观主义

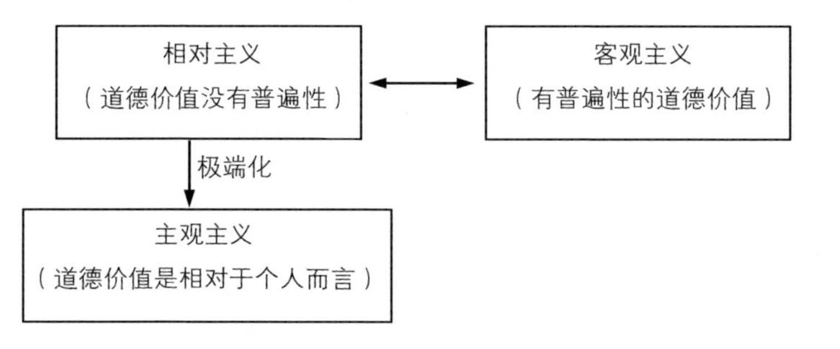

但客观还有一个更强意义的版本，那就是存在终极或绝对的道德原则，例如，功利主义讲的功利原则（principle of utility）和康德伦理学讲的定言律令（categorical imperative）。这两个都是现代西方伦理学的重要理论，而它们对道德的看法正好各执一端：功利主义只计算后果，不理会动机；康德则只看动机，忽略后果。

动机与后果

一般来说，我们评价一个人的行为时会同时考虑其动机及后果，但通常倾向偏重后果。例如，有人好心做坏事，我们还是会加以遣责；有人无意中帮了自己，我们还是会感谢他。不同阶层亦有所偏重动机或后果，比如说小孩子做错事，社会底层的父母多以后果的严重性施加惩罚，而中上阶层则多会先了解孩子的动机。在某种意义上，法律的制定及法官判案也是这种常识的反映，动机和后果都要考虑。例如，谋杀就比误杀严重，虽然后果是一样的；谋杀也比意图谋杀严重，虽然动机也是一样的。

为什么功利主义不理会动机呢？因为他们相信人的动机都是好的，恶的出现只是出于无知，这其实是受苏格拉底的“主知思想”影响，苏格拉底认为没有人是自愿犯错的，行恶只不过是缺乏善的知识。但问题是，恶也可出于邪恶的动机，苏格拉底和功利主义似乎对人性过分乐观，不妨称之为西方版的“性善论”。但根据什么后果来判定呢？功利主义认为，那牵涉所有人的快乐和痛苦，如果计算结果是快乐大于痛苦，那行为就是对的；若是痛苦大于快乐，那就是错的。例如，一般来说，杀人是错的，因为被杀者自然丧失了将来

功利主义的道德思考

第一步　考虑目前可以选择的行为有多少种

第二步　计算每一种行为所带来的快乐和痛苦

第三步　选择快乐减去痛苦之后最大值的那种行为

的快乐，其家人和朋友也会伤心难过。对功利主义来说，行为本身并没有固定的道德价值，只视乎后果而定。

至于康德，他认为如果道德是由行为的结果来判定，就会缺乏普遍性和必然性，道德只有出于善良的动机，亦即是善良的意志，才可确保它的普遍性和必然性，因为善良的意志是唯一永远善的东西，其他东西都不是永远的善。例如，聪明是好的，但聪明也可以用来欺骗人，那就是恶了。但什么是善良的意志呢？那是出于履行责任的动机。换言之，只有出于履行责任动机的行为才是道德的。可是，根据康德的标准，很多一般人认同的道德行为都会变得没有道德价值。例如，出于令人快乐的动机去帮助人，虽然帮助人符合康德所讲的义务，但由于不是出于履行责任的动机，所以并没有道德价值（没有道德价值并不等于不道德）。但如何知道这是我们的义务呢？康德认为，我们的理性就足以告诉我们什么是义务，理性会颁布定言律令来指导我们的行为。定言律令有两个指向，一个是普遍定律，可普遍化的行为就是我们的义务；另一个是尊重原则，尊重原则有两部分，第一是将人当成目的来看待，第二是不要将人当成纯粹的手段。就以杀人为例，这个行为不可以普遍化，因为没有人

康德对行为的分类

行　为	道德价值	例　子
违反义务	不道德	不遵守承诺
符合义务，但不是出于责任的动机	没有道德价值	为了得到人的信任而遵守承诺
出于责任的动机	道德	将遵守承诺当成义务

愿意这个行为被天下人所效法，而且杀人就是不将人当成目的来看待，所以我们有义务不杀人。

然而，我们的行为背后往往有着复杂的动机，既有出于责任的动机，亦会考虑后果的严重性；所以从康德的角度看，我们的大部分道德行为都是不纯粹的，也许他所讲的目的王国只是一种理想，我们只能以此为道德进步的指标，却永远不能达到。

如果说康德的问题是将道德定义得太狭隘，排斥了一些常识所认同的道德行为的话；那么，功利主义的问题就是将道德定义得太宽泛，将一些常识认为的非道德行为当成有道德价值。设想一个人像鲁宾孙般流落荒岛，而荒岛上只有两种食物，一种是鱼，另一种是野鸡，这个人喜欢吃鱼，不喜欢吃鸡，若根据功利主义的标准，就会判断这个人吃鱼比吃鸡更道德，因为这会带给他更多的快乐。可是，我们会质疑这样使用"道德"这个词语，正如美国哲学家杜威所说："当一个人的行为涉及品德或他人的时候，才有道德意义。"看来功利主义是混淆了道德的善与非道德的善。

康德的另一个问题是当两个义务出现冲突时，他不能告诉你哪一个较重要。例如，第二次世界大战的时候，纳粹党问你犹太人藏身在哪里，你知道他们的下落，也知道他们一旦被纳粹党发现的后果，你应该怎样做呢？从康德的立场看，你面对两个义务之间的冲突，一个是救人，另一个是讲真话。如果你要履行讲真话的义务，就救不到人；但如果救人的话，就得说谎。从常识的角度看，当然是救人比说真话重要，这正是两害相权取其轻，也就是考虑后果的严重性。

表面上看，功利主义的好处是能够解决道德的争论，因为可以通过计算行为所产生的快乐和痛苦来判定。但其实计算后果也有其问题，我们真的可以比较不同的快乐或痛苦吗？而且，后果也会再产生后果，如此类推，究竟要计算得多长远呢？通常越长远的后果就越难确定。

功利主义 VS 康德伦理学

	理论类型	道德的基础	终极原则	困　难
功利主义	后果论	经验	功利原则	难以计算快乐
康德伦理学	义务论	理性	定言律令	义务冲突

老子与尼采的说法

儒家思想也属于道德客观主义，儒家认为人性本善，人先天就具备判断是非善恶的能力。可是，儒家思想在汉代被定为一尊之后，就变得专制和封闭，忠、孝、贞节等价值绝对化之后变成了吃人的礼教，正所谓“饿死事小，失贞事大”，将道德价值或道德规范绝对化，就有可能导致“以理杀人”的祸害。其实在儒家未被定为一尊的先秦时期，老子就已经对儒家的道德观做出批评，他针对的正是道德的普遍性和强制性。

老子说：“天下皆知善之为善，斯不善已。”当大家都将某种行为奉为绝对好的话，就会对人产生压制，例如，主张母亲节要跟母亲外出吃饭才是孝，没有这样做的人就是不孝。老子认为，这样标榜道德不但会对人造成压力，而且会被人利用并产生虚伪的问题。不过，老子并不是完全反对道德，只是儒家讲的仁义并非最好的道德，正所谓“大道废，有仁义”。老子认为人性是自然朴实的，儒家的仁义只会扭曲人性。

跟老子相似，尼采对道德的批评也是着眼于道德的普遍性。尼采对道德的批评可归纳为三个要点：普遍主义、平等、无私。虽然他针对的是基督教，但这三点也适用于对道德的一般看法。所谓的普遍主义就是指道德对所有人都有规范性，但尼采认为每个人的性格和能力都有差异，强迫每个人都接受同一套道德观，就会压制人性，扼杀人的创造性。既然人在各方面都存在差异，在道德尊严上也不例外，有些人的生命价值比另一些人更高是很自然的，而平等只会将人拉平，令人变得平庸，妨碍强者的出现。尼采认为道德的真正目的是自我完成，而无私的主张根本就是反道德的，因为它将他人利益置于个人之上，不利于个人价值的实现。

尼采认为，理想的人是充满生命力和创造力，不断超越自己的弱点和限制，他称之为“超人”，而接近这种理想完形的有歌德和贝多芬，他们都是在文化和艺术上有巨大创造力的人。尼采主张四种有助于人超越自己的德性：勇敢、真诚、孤独和独立。勇敢使人敢于冒险，创造新的价值；真诚的人不会自欺，能够面对自己的弱点；孤独和独立能使人在群体的压力下，仍能保持自己的个性和见解。这四种德性也是互相关联的，例如真诚需要勇敢，否则人就难以面对残酷的真相。

尼采对道德的分类

尼采认为基督教的道德观只会令人变得颓废、软弱和驯服，是有害生命的；他主张一种能够提升生命价值的道德，生命价值是以精神力量的大小来厘定的。

群体道德	群体形成的基础是恐惧，因此群体会强调平等一致，憎恨差异和独立	基督教的道德是群体道德和奴隶道德的混合形态
奴隶道德	自我否定，是颓废者，心中充满怨恨	
主人道德	自我肯定，是生命力和创造力的表现	古希腊人的道德
超人道德	结合强者的自我肯定和弱者的创造性精神，扬弃主人的野蛮及奴隶的怨恨和报复	未来出现的道德

老子和尼采的“善恶观”都有相对主义的成分，但跟之前所讲的文化相对主义不同；虽然他们重视的是个人的价值，但亦非一般意义的利己主义，无以名之，姑且称之为“个人相对主义”。不过，老子强调的是避免祸害，自我保存，而尼采关注的则是生命力量的提升；老子有超越层面的向往，尼采则否定形上的世界，只讲现世的自我超越。

尼采为我们展示出道德的另一个维度，那就是自我实现，跟德性有密切关系。由于每个人的背景、性情、能力和兴趣都不同，所追求的人生目标亦不同，究竟哪种德性才适合自己，个人有很大的选择空间。正如尼采所说：“一个人必须发明对其生命及自我成长的德性及定言律令，否则的话就会对其生命提升有害。”要成为一个成功的运动员，跟成为一个杰出的艺术家，需要的可能是不同品德的组合。但无论要达成何种人生目标，某些德性是共通的，如勤奋、勇敢、智慧、忍耐、克制等。

从德性的角度看，好人和坏人的定义又跟之前有所不同，好人就是品德好的人，坏人就是品德差的人；由于品德是多元的，好人和坏人就不单是程度之分，而是种类之分，而且一个人可同时具备某些好的品德及差的品德，不过好品德之间是有相连性的。例如，孔子讲智、仁、勇三达德，老子有慈、俭、让三宝，柏拉图则重视智慧、勇气、节制和公正这四种德性。

道德规则随环境更新

以上的讨论涉及三个道德理论的类别，有后果论、义务论和德性论，但其实还有一类道德理论，叫作契约论。道德只是大家运用理性协议出来的一些规则，目的是避免冲突，而且可以互相合作，令大家生活得更好，英国政治哲学家霍布斯就是这样理解道德的。我们可以想象，当一个人在孤岛生活时，他的行为没有所谓对错，但仍有非道德的善恶可言，但如果多一个人来到岛上，两个人的欲望就有可能出现冲突。例如只有一个苹果，大家都想吃，满足我的欲望就会损害你的利益，反之亦然。这个时候我们就需要规则，例如谁先发现就谁拥有苹果，又或者将苹果平分，令大家可以合作，和平共处，这些规则就是道德。从这个角度看，道德规则只是一种设计，用来增加大家的利益和减少彼此的冲突。换句话说，道德是一种发明和创造，道德也会不断更新，因为有一些规则比另一些更能增加利益或减少冲突，而且环境也会不断改变，旧的规则可能不合时宜。

不过，这种主张不能解释为什么有人会牺牲自己的生命来拯救他人，只有用爱才能解释。我也认为道德的动力在于爱，无论是儒家的仁爱、墨家的兼爱、基督教的博爱、佛教的慈悲，都是爱的不同描述。爱是人的本性，是先天的；不过，善恶的判断还是需要学习相关的知识，这就是后天的。由于环境的改变，善恶的标准也需要不断更新，假如未来人类进入太空时代，也会有新的标准，但道德的根源却是永恒不变的。

关键词再思考	道德规范　相对主义　主观主义　客观主义 后果论　义务论　德性论　契约论
相关篇章	《自我》《人生》《自由》

这张画是米开朗琪罗(Michelangelo)的名作《创世纪》(*Genesis*)的局部，讲述亚当和夏娃受蛇的引诱，吃了能够辨别善恶的果子之后，被上帝逐出伊甸园。我一直觉得很奇怪，为什么懂得分辨善恶是一件坏事？我现在的看法是，在天上界根本没有恶，所以毋须分辨善恶，但在这个我们投生的世界则是善恶并存，所以我们到世上要学习的就是分辨善恶。

《创世纪》局部(1508—1512)

作者：米开朗琪罗

原作物料：油彩

现存：梵蒂冈西斯廷教堂

死亡

我们不一定会老，却一定会死。

大概是六岁的时候，当我得知人死了就不会再回来的事实后，晚上竟然哭起来，心想：“既然人会死，为什么要出生呢？”现在回想起来，这就是我第一次面对死亡的恐惧。

根据专家的研究，很多儿童都曾有上述的经历，有些甚至更早，四岁就有过死亡的困扰。不过，死亡的问题通常都是一闪即逝，很快就会忘记，也不会造成很大的困扰，因为对小孩子来说，死亡还十分遥远。但随着年龄的增长，尤其是目睹亲友的离世，死亡问题的困扰可能会重来，特别是青少年比较敏感，那些遭遇挫折的青少年甚至会想："如果死亡只是一种结束，为什么不可以早一点自我了结呢？"

要解决死亡的困扰，就先要了解死亡。为什么我们会恐惧死亡？死亡究竟又是怎么一回事呢？正如柏拉图所说："哲学是对死亡的练习。"由于死亡带来极大的不安，探究和面对死亡正是哲学的首要工作。

为什么害怕死亡？

初步来看，我们对死亡的恐惧大致可分为三种，第一种是跟痛苦连在一起，很多人都是由于疾病而身故，死前要饱受病魔的煎熬，难怪有人认为所谓"好死"就是在睡梦中无痛苦地死去；第二种是害怕失去重要的东西，例如亲人；第三种是害怕自己不存在，自我意识的丧失。而我小时候面对死亡的恐惧主要是第三种；有部分属于第二种，因为死亡之后就再也见不到父母、老师和同学了，由于一切人际关系顿然消失而产生恐惧。

如果死亡是不好的话，那试想一下，没有死亡是否会更好呢？如果没有死亡，人口就会不断膨胀，除非我们禁止生育；而且四周都是老人，世界也会变得无聊和没趣，长生不老也有可能是一件十分痛苦的事。但更大的问题是，当我们拥有无限的时间，就不会珍惜时间，正因为人生有限，我们才会做出选择，努力实现自己的人生目标。这样看来，死亡反而令人生有意义。明白这一点，死亡就没有想象中那么可怕。这令我想起黑泽明的一部电影《流芳颂》，故事讲述主角因面临死亡而反省自己的人生。主角渡边先生是一个老公务员，工作态度从不认真，凡事总是得过且过，但当他知道自己患上绝症后，立志要在临终前做一件有意义的事，那就是兴建一个公园，实现居民多年的愿望。

但一旦认真地想一想自己终有一天会离开这个世界，心里亦难免产生恐惧，也许这就是大部分人不能正视死亡的原因，他们试图逃避死亡。逃避一些可以逃避的事并不一定有问题，例如逃避灾难、暴政、恶人、噪音等都没有错；但若逃避一些无法逃避的东西就是不理性的，例如死亡。所谓逃避死亡，就是指不正视自己的死亡，正如存在主义哲学家海德格尔所说，我们并没有认真对待自己的死亡，我们只是谈论别人的死亡，仿佛死亡跟自己没有关系，他主张“人是走向死亡的存在”，就是要将死亡拉到眼前，就像临死的人一样，直视死亡，这样生命才真正属于自己。试想一下今天就是你的最后一天，人也会变得真诚，并且赶快完成真正重要的事。正所谓“人之将死，其言也善”，的确有几分道理。我也十分佩服古希腊的哲学家，因为他们连讲逻辑三段论也不忘提醒我们：人是会死的。

三段论

所有人都会死

苏格拉底是人

⟷

因此,苏格拉底会死

三段论由两个前提和一个结论组成,虽是常见的论证,但也有不同的种类,以上论证的前提和结论都是由定言命题(共有四种形式:“所有 A 是 B”“没有 A 是 B”“有 A 是 B”“有 A 不是 B”)组成,称为定言三段论。

正视死亡

反观中国传统文化,可以说是一种回避死亡的文化。先秦时期就已有追求长生不死的方士,后为道教所继承,虽然表面上看似很积极,说要“超越死亡”,但明知人皆有一死,这不过是一种变相的逃避死亡。的确,中国人最忌讳死亡,我们很少会直接说“某人死了”,除非你想诅咒他,而是用“去了”“不在”“仙游”,甚至“旅行”来代表。记得小时候有一次我在家中唱歌,歌词中有“死”字,被父亲听到,结果他将我打了一顿。现在回想起来,父亲打得那么狠,正反映出他心中对死亡的恐惧。中国人不喜欢谈论死亡,可能跟儒家有关,孔子不就说“未知生,焉知死”吗？当然,孔子并非畏惧死亡,他要强调的是积极努力的人生,少理会死后的事。但我的看法刚好相反,就是“未知死，焉知生”，生死乃人生大事，正所谓“生死事大，迅速无常”，能正视死亡，人生才有更大的意义。

儒家如何克服死亡

受了孔子的影响，儒学之士并不关心死后的世界，重要的是尽做人的责任，其他的事都不用太担心，这就是“义命分立”。有时觉得儒家唱高调，动不动就说“杀身成仁，舍生取义”，尽管口头上动听，但对一般人的帮助不大。我反而认为儒家克服死亡的最有效方法还是“立德、立功、立言”，能立这三者，必然名垂千古，在某个意义上，留名于世就是一种永恒。

要正视死亡，就要了解死亡是怎么一回事。死亡意味着人生的终结，肉体的毁坏，但是否表示自我意识一定会消失呢？大部分宗教认为人死后还有生命，死亡只是肉体的消失，人的灵魂是不灭的，会继续以别的方式存在。在现代社会，多数人都是以一种唯物的角度来理解死亡，认为人的意识不过是脑部的活动，人一死，意识就会消失，现代医学的唯物论成分很重，医学界不就是以脑死亡来界定死亡的吗？但要注意的是，科学并不等于唯物论。科学是以讲求证据和验证的方法来研究事物，而唯物论则是一种哲学立场，认为只有物质是真实的，将心灵或意识还原到物质。其实唯物论也不是什么新鲜的事，古希腊已经存在，唯脑论不过是现代版本的唯物论。

古希腊哲学家伊壁鸠鲁(Epicurus)就是唯物论者，他认为，人只是原子的组合，死亡不过是原子的分离，他不相信有死后的生命。他更指出，人根本不应该惧怕死亡，因为我们生存的时候，死亡还未到来，当死亡到来时，我们已经不存在，因此恐惧那些我们不会经历的事是不理性的。但他的论证只能够消除前面所讲的第二种恐惧，因为死亡表示你已经不存在，也无所谓失去其他东西，却没法消除另外两种对死亡的恐惧。

我认为庄子面对死亡的态度就比伊壁鸠鲁高明得多。庄子的妻子去世，他不但不悲伤，反而在家里鼓盆而歌，有人问他为什么这样做，庄子回答，人不过是由气所形成，死亡不过是回归于气，为何要悲伤呢？后来庄子快要死了，学生说要好好安葬他，庄子却说葬在地下是给蚂蚁吃，丢在荒野是给老鹰吃，为什么要厚此薄彼呢？庄子认为，人的躯体跟万物一样，都是由气所形成，生死不过是万物之间的转化，明白万物一体的道理，就能顺应自然的变化，做到适时处顺，哀乐不入，不再好生恶死。当然，庄子这种看破生死的精神不容易达到，它需要有洒脱的心灵，也要有将生死看得透彻的智慧。虽然庄子没有说明死后的世界，但他所说的道其实就是本源，死亡不过是回归道，回归本源。如果将庄子的气化理论解释为唯物论，那就是大大误解了庄子的思想。

死亡之后

按照唯物论的观点，人死就什么都没有了，那人生又好像没有什么意义；但之前我们说过，正是死亡使得人生有意义，这不是吊诡吗？佛教认为，人死了之后并不是什么都没有，正所谓“万般带不走，唯有业随身”。从佛家的角度看，唯物论是完全错误的，将肉体等同自我是“身见”，认为人死后就什么都没有是“断灭见”，身见和断灭见属于佛家所讲的八种恶性见解之二，持这两种恶见者死后很有可能堕入地狱，这些人没法相信有死后的世界，他们会以为自己还活着。正如《第六感》(*The Sixth Sense*)这部电影中的心理医生，以为只有精神分析可以治愈人的心灵，却连自己死了的事实也不知道。

但这里有两个问题：第一，如何证明佛家所说为真；第二，如果真的有死后的世界，那就会产生另一种对死亡的恐惧，一种对陌生地方的恐惧，因为也有可能会到一个极端痛苦的地方——地狱。或许这才是我们对死亡的最大恐惧，也可能最有普遍性。很多生活不如意的人或患重病的人都不想死，原因就是对死后世界的不确定。恐惧很多时候是源于对事情的真相不了解。中国禅宗六祖惠能快要死的时候，他的弟子哭个不停，于是惠能对他们说：“如果你知道我死后会到什么地方，就用不着伤心了。”由此可见，惠能自己确信他死后的去处，并且相信是一个不错的地方。

对死亡的恐惧

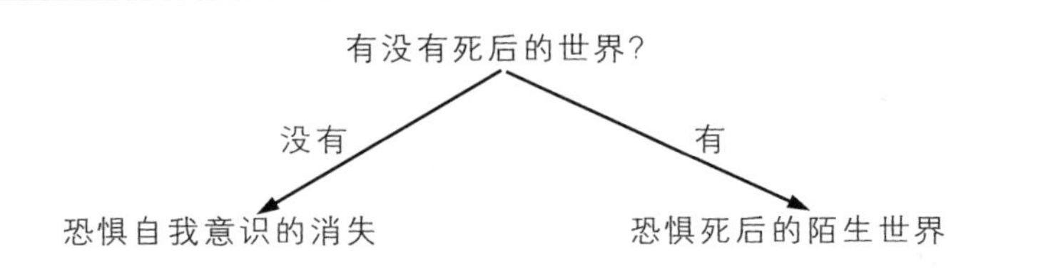

当然，唯物论否定灵魂和死后的世界，并且否定宗教，马克思就认为宗教是人民的鸦片烟。但相信宗教的人或许会发问：佛陀的说法多年都是在欺骗大家吗？他有什么得益呢？耶稣为了传道而不惜牺牲生命，也是在弄虚作假吗？苏格拉底在临死前还给学生和朋友说明灵魂转世的意义，这个自称无知的人为什么会说得那么肯定呢？

如果人死后还以某种形式存在的话，这可称为终后经验，那死后的世界就可被验证，当然，只有当事人自己能亲证；相反，如果人死后如灯灭，什么都没有了，那就没有相关的证据。所以，从某个意义上讲，死后的世界只可能被验证，而没法被否证。但对于未死的人来讲，又凭什么相信有死后的世界呢？支持终后经验的人认为，第一，有濒死经验的人宣称有类似遭遇，如遇见死去的亲友；第二，有人声称有前生的记忆；第三，有人声称到过死后的世界。然而，这些人的报告可信吗？为了名利，弄虚作假者也是有的。18世纪，有一位跟牛顿齐名的瑞典科学家叫作史威登堡（Emanuel Swedenborg），他还将其自称在灵界的经历写成《天堂与地狱》（*Heaven and Hell*）一书。

当然，以上所讲的证据，从科学的角度讲，都不算充分的证据。但现今的科学并非我们相信某事为真的唯一依据，例如爱情就不需要科学来证明。不过，我相信科学的进步终有一天能向我们揭示死后世界的真相。

宗教本应是解答死亡问题的专家，给大家说明死后的去向；但反观很多传统宗教，不是为了上帝的名字不同而争执，就是假借上帝之名进行侵略或报复，虽然它们成立之初是有着革新的意义，但现在却难以与时俱进。在众多宗教中，对死亡（包括死亡之后）谈论得较全面的要算是佛家了，我也认为佛教的描述似乎最合乎真相。但这只不过是跟其他宗教相比，并不表示佛教的描述完全合乎真相或很接近真相。

佛家认为人死之后，灵魂会离开肉体，根据生前的所作所为，正所谓因果报应，在六道中轮回转世。反过来说，也可理解为我们在此生之前，已不知经历了多少次轮回，只不过投生的时候，被蒙上了“无知之幕”，忘掉了前生种种。不知道前生的经历，可以说是公平的起点，即使前生是伟大的画家，今生也要跟其他人一样，由孩童开始重新学习绘画。但这里有一个问题，那就是同一性的问题，在佛家描述的无数次的轮回转生之中，如何判定那是同一个主体呢？柏拉图认为我们在世间可以回忆起在“实在界”学习过的事物，轮回转生说的却是在死后世界有机会回忆起前生的经历。传说佛道中的修行者，亦能通过修炼回忆起前生，据说菩萨就能回忆起五百世的事。

死亡的定义

根据佛家的定义，灵魂离开肉体才算是真正的死亡，而人断气之后，要经历一段颇长的时间，至少一天，灵魂才完全离开肉体，在这段时间内，人有可能死而复生。在中国传统的习俗中，人死后要守夜，就是以防死者“翻生”。古人认为在这段时间内，人还有意识和知觉，只是不能表达，中国的古礼甚至要守灵三天。现代医学则将死亡定义为脑死亡，原因之一是趁器官还运作良好时作移植之用，拯救更多生命。但如果按照佛家对死亡的观点来看，在这段时间内做器官移植就会给当事人带来极大的痛楚，因为他的意识还未离开肉体。即使他愿意死后捐出器官，是一种布施，但这种痛苦是始料不及的。

但怎样才算是灵魂真正离开肉体呢？有一种说法认为，灵魂和肉体由灵子线相连，如果灵子线断了，灵魂就不能再进入肉体，即为死亡。苏格拉底就曾讨论灵子线的问题。

佛家对死亡的分析

佛家认为人的身体是由地、水、风、火四大所构成的，灵魂离开身体之前要经历四大的解散，所以死亡本身是一个痛苦的过程。

地大分散　　身体不能动，有些神经已经坏掉

▽

水大分散　　身上会冒冷汗，还会排最后一次大便

▽

风大分散　　呼吸困难，快要断气了

▽

火大分散　　断气之后，身体会慢慢冰冷

佛家说人生有四大苦：生、老、病、死，死苦已经说过，老苦和病苦相信也不用解释，余下的是生苦，我认为这是指出生之苦。为什么出生是一种苦呢？正如柏拉图所说，未投生之前，灵魂是活在自

由自在的实相世界，投生之后就会受到很多束缚，因此他才会说："肉体是灵魂的监狱。"佛家说"不可执着"，这对临死的人特别重要，因为执着人间的一切，死后灵魂就不能顺利回到实相世界。

修行的意义

那么，为什么人要不断轮回转生？意义何在呢？常有人说："人生是修行。"如果人死后什么都没有，那修行又有什么价值呢？我认为可以将轮回转生和人生修行的说法合在一起看，所谓修行就是锻炼人的内心，人死之后唯一可以带走的就是我们的心，心境的高下决定了死后的去向。

当然，相信死后世界如何只是一种信仰，但相信死后什么都没有又何尝不是呢？这两种世界观对人有不同的影响，甚至可能是天渊之别。相信人生只有短短数十年，死后一切都会结束的话，其人生观有时会倾向于享乐的形态，既然人生苦短，何不尽情寻乐呢？当然，这并没有必然性，例如作为唯物论者的伊壁鸠鲁，就不是一个纵欲之人，他主张追求心灵平静的持久快乐，仁慈、诚实、公正和友谊等德性都有助于人的心灵平静。至于相信有死后的世界，人的灵魂不灭，其人生观则会截然不同，因为他们会尝试从宏观和永恒的角度来审视自己。当然，这亦没有必然性，因为若当事人智慧不够，也有可能落入迷信堕落之途。

世界观与人生观

一般来说，一个人的人生观受其世界观所影响。世界观是指对宇宙万物的整体看法，其中最重要的包括有神或无神、创造或非创造、死后的有无等。至于人生观则关乎人如何处世，应该做什么和不应该做什么。世界观涉及终极真相，这是事实问题；而人生观则属于价值问题。

世界观（终极真相）

▽

人生观（如何处世）

从实证论的立场看，轮回转世和天堂地狱之说并无真凭实据，但我还有一个方法可以克服对死亡的恐惧，这是来自一位朋友的经验，她的工作是负责照顾临终的病人，她告诉我其实很多时候受死亡困扰的并非病者，而是病者的至亲，因为他们难以承受亲人离世的伤痛。有一对非常恩爱的夫妇，太太死了，丈夫十分痛苦，后来丈夫醒悟到如果是他早死的话，受痛苦的就会是太太。这个故事给我的启示就是，当想到你的挚爱最终有一天会离世，你对死亡又有什么恐惧呢？但不幸地，如果你只爱自己的话，那就没有办法了。

关键词再思考	肉体　灵魂　终后经验　人生修行　人生观　世界观
相关篇章	《自杀》《宗教》《恐惧》

后期印象派画家高更(**Paul Gauguin**)有一幅名画叫作《我们从何处来?我们是谁?我们往何处去?》(***Where Do We Come From? What Are We? Where Are We Going?***)

《我们从何处来?我们是谁?我们往何处去?》(**1897**)

作者:高更
原作物料:油彩
尺寸:**96cm×130cm**
现存:波士顿美术馆

自杀

精神高尚者，即使自杀，也不会下地狱。

记得读小学的时候，有一名小学生扮蒙面超人从高处跳下来跌死，之后我心爱的电视剧集《蒙面超人》就被禁播了，理由是防止类似的悲剧再发生，到现在我仍觉得停播是一个错误的决定。但当时我想，这名小学生究竟算不算是自杀呢？

如果我们细心分析一下“自杀”这个概念，就会发现它由三个必要条件所组成：(1) 当事人有寻死的意图；(2) 他亲手杀死自己；(3) 没有人强迫他这样做。很明显，以上的事件并不符合第一个条件，所以不可以称为“自杀”，我们顶多说这名小学生意外地杀死了自己。有另一个事例是这样的，二十多年前有一部电视剧《新白娘子传奇》(由赵雅芝和叶童主演)，剧中有一幕讲述“游地狱”，据闻有一名小学生看了之后也想游地狱，于是上吊身亡，他以为死了之后就可以去地狱。这个事件却符合以上三个条件，他真的是自杀死了。当然，我们可以说他有认知上的错误，他似乎以为人死了之后可以再活过来，也以为地狱是一个好玩的地方。相同的是，这两名小学生的死都是出于无知。

自杀的定义

这是一个本质定义，由一组必要和充分条件所组成，三个必要条件加起来就是自杀的充分条件。

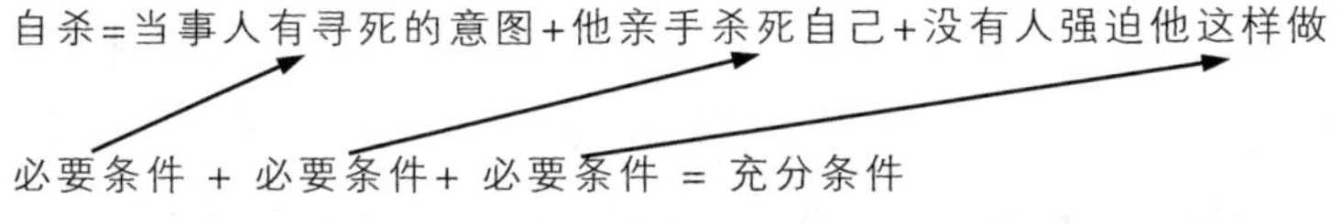

自杀=当事人有寻死的意图+他亲手杀死自己+没有人强迫他这样做

必要条件 + 必要条件+ 必要条件 = 充分条件

根据以上的定义，自愿安乐死也不算是自杀，因为它并不符合第二个条件，病人并不是亲手杀死自己，他需要医生的协助，所以有人称自愿安乐死为“协助自杀”，就是要跟一般自杀区别开来。我认为可以将第二个条件订得宽松一些，就是“当事人有意做出一些促成自己死亡的行为”，这样自愿安乐死也算是自杀。如果不修改第二个条件，某些我们视为自杀的行为就变成不是自杀了，例如日本

武士的切腹，当武士剖腹之后，那痛楚其实是难以忍受的，需要由另一个人帮他了结，所以严格来说，他也不是亲手杀死自己。

利他自杀与为己自杀

修改了第二个条件之后，自杀的范围也扩大了，就连耶稣上十字架也有可能被称为自杀，因为耶稣也是自愿赴死。不过，这有别于一般的自杀，耶稣是为了拯救世人而死，可称之为“利他自杀”，那是为了消除他人痛苦而牺牲自己的生命，例如在战争中有士兵为了拯救同胞，用自己的身体抵挡手榴弹；又如在元杂剧《赵氏孤儿》中，就先后有三个人为了保护赵氏遗孤而自杀身亡。当然，利他自杀只是少数，一般的自杀者都只是为了解决个人的痛苦而寻死，那可称为“为己自杀”，例如承受不了失恋、失业、破产和考试不合格等挫折而了结自己的生命。换言之，我们可以将自杀分为“利他”和“为己”两种，但这两种自杀并不是截然二分的，它们之间可以有不同程度的关联，例如日本武士切腹，固然是为了个人的荣誉，但也有利他的成分，因为荣誉也属于他效忠的家族，忠诚亦有助于社会稳定。屈原的死也是介乎“利己”和“利他”之间，如果他是以死相谏，想借他的死令楚王醒觉，远离小人，避免亡国之途，则利他成分较大；但如果他只是以死殉国，则利他成分较小。我们之所以用端午节纪念屈原，不就是因为他的高尚情操吗？

自杀的分类

利他自杀 ←→	为己自杀
耶稣上十字架、日本武士切腹、屈原投江	大部分自杀

不过，有一种自杀难以分类，那就是恐怖分子的自杀式袭击，把它叫作“为己自杀”似乎不恰当，因为当事人是为了复仇（或自以为更高尚的目的）而牺牲自己；但称它为“利他自杀”亦有不妥，杀死无辜的人又怎能算是“利他”呢？有人拿恐怖分子的自杀式袭击，跟第二次世界大战时日本神风敢死队的自杀式袭击相提并论，其实两者有很大的分别，神风敢死队袭击的对象是美国的战舰，那是军队的正式对决；而恐怖分子的袭击对象多是无辜平民。

社会上一般会赞扬“利他自杀”，谴责“为己自杀”，切腹在日本传统社会也得到高度的赞扬。但为什么“为己自杀”是错的呢？由于大部分自杀都属于“为己自杀”，为方便讨论起见，以下就用自杀来指称“为己自杀”。对于自杀的对错，西方哲学可以分为反对和赞成两派，所谓赞成并不是说支持所有自杀的行为，而是指某些情况下自杀是道德上容许的。

判断自杀的对错

不过，我们要先将自杀的原因跟赞成或反对自杀的理据区分出来，避免思考混乱。找寻原因和提供理据正是科学和哲学的分别，比如说当心理学或社会学研究自杀时，它们要寻找的是自杀的原因，有什么心理或社会因素促成自杀。举个例子，著名社会学家涂尔干(Emile Durkheim)有一部著作叫《自杀论》(*Suicide*)，就是研究社会变迁跟自杀行为的关系，他发现当社会发生巨大变迁时，无论是好还是不好，自杀率都会上升。但社会学或心理学都不会对自杀的对错做出判断，因为它们要保持价值上的中立。哲学却不同，哲学正是要判断自杀的对错，并提出理据。

哲学 VS 科学

	哲学	科学
性质	理据证立	因果说明
方法	概念厘清和分析	经验研究
例子	自杀的对错	自杀的原因

反对自杀的哲学家主要有古希腊的柏拉图、亚里士多德和近代的康德，而支持自杀的则有古罗马的塞涅卡(Lucius Annaeus Seneca)和近代的休谟(David Hume)。柏拉图有灵魂转世的思想，他认为肉体就是灵魂的监狱，死虽然是一件好事，但自杀是错的，除非得到神的批准。我们可以进一步解释柏拉图的看法，即人投生到世间有一定的使命，而自杀就等于逃避责任，所以自杀是错的。亚里士多德并不相信灵魂转世，他是从现世的角度反对自杀的，他认为自杀对国家不公平。我们也可以进一步帮他解释，由于人受惠于社会(人离群独居只能过着极贫乏的生活)，所以人对社会有一定的责任，自杀亦是逃避责任，所以自杀也是错的。18 世纪的德国哲学家康德则认为，人的义务来自人的理性，人生的目的是履行义务，而

人的最基本义务就是生存，所以为了消除个人痛苦而自杀是错误的，但为了拯救他人而牺牲自己生命的“利他自杀”却是对的，因为这是履行理性给予我们的义务。

斯多亚学派(Stoicism)在亚里士多德之后兴起，延续了差不多六个世纪，这个学派赞成自杀，而代表人物就是塞涅卡，他认为活着的质量比活着本身重要，既然人皆有一死，如果客观环境不值得我们活下去的话，例如身患重病，要承受极度的痛苦，又或是被敌人折磨，生不如死，为什么不可以了结自己的生命呢？人虽然饱受命运的作弄，身不由己，但有自由选择死亡。后来基督教兴起，教会的立场是反对自杀的，因为自杀是违反上帝的旨意，自杀不遂者会被逐出教会，自杀身亡者亦不允许举行葬礼。对于基督教反对自杀的立场，18世纪的英国哲学家休谟做出了全面的批评，他认为，上帝创造了这个世界之后就再不管人间的事，上帝订立了自然定律让世界运作，也给予人自由意志，由人自己做决定，即使上帝赋予我们在世上的职责，但当人生活在痛苦和悲惨之中，那不就是上帝召回我们的时候吗？

以上有三个反对自杀的理由，一个是对神的义务(柏拉图和基督教)，一个是对社会的义务(亚里士多德)，还有一个是对人的义务(康德)。西方还有一种反对自杀的理由，但不是从道德层面讲，而认为是人的认知上出了错。叔本华虽然被称为厌世悲观哲学家，但他反对自杀，他认为自杀者的目的是消除痛苦，却用错了方法，自杀只是消灭了某个生命，即生存意志在特定时空的呈现，却消灭不了生存意志本身。叔本华所讲的生存意志是盲目的，有点像佛家说的“无明”，事实上，叔本华的思想正是受佛家所影响。从佛家的角度看，自杀不单是道德上的错误，因为人生在世有一定的责任；也是认知上的错误，自杀者以为了结自己就可以消除一切痛苦，殊不知自杀的果报大都是下地狱受苦。如果当事人知道自杀之后灵魂会遭受更大痛苦的话，相信大部分人都不会自杀。曾有一则劝导人不要自杀的广告"生命无 take two"（意即再来一次），而自杀者就是想一了百了，根本就不想生命有 take two。

自杀的两种错误

道德上的错误	▷	柏拉图	人对神有责任
		亚里士多德	人对社会有责任
		康德	人有生存的责任
		佛家	人有在世间修行的责任
认知上的错误	▷	佛家	自杀者会下地狱受苦
		叔本华	自杀消灭不了生存意志
		卡缪	自杀对抗不了荒谬

存在主义者卡缪（Albert Camus）认为，真正的哲学问题只有一个，那就是自杀。面对荒谬的世界和人生，活着没有任何意义，为什么不一死了之呢？但卡缪说，自杀只是一种逃避，要超越荒谬，人必须对抗，依靠自己的抉择，承担责任，做一个真实的人。不过，自杀也是一种选择，为什么不可以呢？赞成自杀的主要理由就是人有自由，人有自决的能力。我既同意人有以上四种义务，亦同意人有自由的权利，在自杀的问题上，义务和权利就必然会产生冲突。不过，义务和权利都不是绝对的，我认为，一般来说，保存生命的义务大于

自杀的权利,但在某些情况下,自杀的权利却可凌驾于保存生命的义务之上,例如患了绝症并且要承受极大痛苦的人,要求这些躺在床上痛苦呻吟的病人继续履行做人的义务,直至死去,未免太残忍了。又例如到了绝境,就像明末之时,扬州城被清军所破,史可法曾自刎殉国(却不死被俘),这样的事例在中国历史上特别多,三国时蜀国被魏国所灭,诸葛亮的儿孙也选择自杀殉国,这明显是体现了儒家舍生取义的精神。有人可能把这些判定为“利他自杀”,但我不同意,因为他们的死并不能消除他人的痛苦,勉强说“利”也只能是精神性的。

那么,什么才算是绝境呢?在中国传统社会,当遇上义务冲突时,如忠孝不能两全,责任心重的人往往会选择自杀,他可能觉得这就是绝境,但我认为这只是困境,不能算是绝境。当然,困境可以有程度之分,程度最高就是绝境。虽然现代社会已经没有忠孝不能两全的事情,但并不表示在道德两难下选择自杀的事不会发生,婆媳之争也往往令身为儿子和丈夫的当事人陷入两难之中,我记忆中有一个人就是为此而自杀身亡的。由此可见,自杀者之中也有责任心重的人。在日本社会,常常会听到社长自杀的新闻,因为日本人大都勤勉工作,若公司倒闭的话,多数认为是社长失职,领导不力,所以才会以死谢罪。

大部分自杀的人都处于绝望的状态,例如欠下巨债,无力偿还;爱人变心,万念俱灰;身患重病,痛苦不堪。但绝望只是主观的心理状态,并不表示客观情况已到了绝境,事实上,以上的事例只是人生的巨大挫折,只是当事人不能面对挫折而选择自杀。至于其他因考试不合格、被人歧视、受恶言中伤等小挫折而轻生的人,与之相比更是等而下之。

绝境与挫折

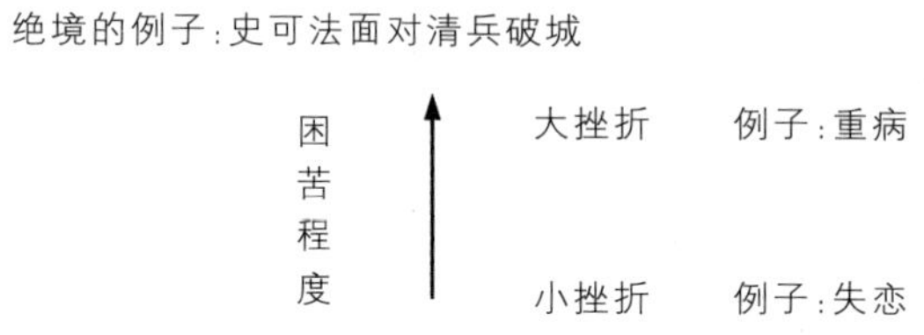

绝境的例子:史可法面对清兵破城

困苦程度		
↑	大挫折	例子:重病
	小挫折	例子:失恋

青少年与艺术家的自杀

近年来,青少年自杀数量有上升的趋势,其实大部分都是因为一点点的挫折,没有什么非要求死的。但我们可别看轻自杀的青少年,也许有些是一时冲动,但有更多是思前想后才做出决定的。然而,他们的所思所想主要都是为了自己,自杀者多是以自我为中心,越是以自我为中心的人,就越重视自己的利益、感受和他人的评价,小小挫折对他们来说可以是天大的事。也别以为只有失败者才会自杀,有些精英分子在其小圈子表现不理想,也会接受不了而轻生。所以,预防自杀的一个方法就是改变以自我为中心的价值观,但遇到正想要自杀的人,这是来不及改变的,最好的方法就是让他感到人生还有希望。

现在连小学生也自杀,我读小学时并没有听闻有同学自杀,但中学时就有两位同学自杀，到了大学，自杀的人就更多了。在我的宿舍里，就有一位读工程的学生自杀，听说是为情自杀。毕业之后，也有几个相识的人自杀身亡，原因是精神压力太大，看来人年纪越大就越不快乐。以上我所讲的自杀者，全部都是男性，似乎男性的自杀率高于女性；不过，这只是我的猜测，并没有充分的数据支持，况且我认识的男性比女性多，所以做不了准。不过，女性多数会向人倾诉自己的感受，这可以消解部分的精神压力；相反，男性却不习惯这样做，可能认为这样做显得不够坚强，或是没有面子。

正在执笔之际，又有一名香港中文大学的学生自杀身亡，在过去的一年（从 2015 年 4 月算起），已经有十名大学生自杀而死，当中竟然有七个是中大的学生。为什么大学生的自杀率这么高呢？这的确值得研究。我们较注意青年人的自杀问题，因为总认为他们不应该死，他们还有大好的前途，自杀只是一时冲动。除了以自我为中心外，青年人比较感性，认知能力也不高，遇到挫折很容易以为已到了绝境。

艺术家也多是感情丰富和以自我为中心的，看来艺术家也属于自杀的高危一族，所以不要胡乱批评艺术家，因为他们很容易受到伤害，我有一位绘画老师就对我说过“批评艺术家是一种罪过”。但我发现在不同的艺术领域，艺术家的自杀率是有所不同的，为方便说明，现在只比较文学家、画家和音乐家。三者之中，以文学家的自杀率最高，例如获得诺贝尔奖的海明威（Ernest Hemingway）就是自杀而死，而日本作家的自杀率又似乎是最高的，例如太宰治、川端康成、三岛由纪夫等人都是自杀身亡。画家的自杀率排在第二位，凡·高（Vincent van Gogh）、高更、马克·罗斯科（Mark Rathko）等人亦是自杀而死。音乐家的自杀率最低,似乎音乐家的抗逆境能力最强。就以贝多芬(Ludwig van Beethoven)为例,当他失去听觉的时候,也曾想过自杀,还立下了遗嘱,对于这样伟大的作曲家来说,失聪的确是万分痛苦的,幸好,他最后克服了困境,还创造出伟大的《第九交响曲》。

文学家易自杀,因为作品多数跟现实生活有关,所以容易被现实的痛苦、挫折、荒谬、不幸所影响,作品倾向于描写人类阴暗的一面,也较多负面情绪。当然这也不可以一概而论,托尔斯泰的作品就有很正面的能量。三种艺术形式中,音乐是最抽象的,精神性最高,特别是西方的古典音乐,使人超越世俗的烦恼,有强化意志、洗涤心灵的效果。当然也有例外,现代音乐就有不少“地狱心灵”的作品,会对人产生负面的影响。至于绘画,正好介乎文学和音乐之间,论跟现实的关系,它不如文学般直接;若论抽象性,即使是抽象画,亦比音乐具体得多。不过,若观乎现代绘画,具有“地狱心灵”性质的作品其实也不少。

自杀者下地狱?

假设人死后会上天堂或下地狱,这应该根据他的整体表现,主要是其贡献和德行,品德高尚者即使自杀,也不应该下地狱,例如推动日本明治维新后自杀身亡的的西乡隆盛。正如前面所讲,大部分自杀者都是重视自己多过别人，以自己的苦乐为指导行为的唯一标准，很难想象这些人对社会有什么重大的贡献。不能抵抗逆境的人，明显缺乏勇敢、坚毅、刻苦、反省和谦卑等德性，而且很多自杀者都怀有极大的怨恨，我认为这才是下地狱的主因。根据佛教的说法，贪、嗔、痴三毒都是下地狱的原因，怨恨就是嗔，只顾自己的人亦多是贪心之辈。

有人认为理性自杀在道德上是容许的，因为它能彰显人的自主性。理性自杀者通过理性思考，考虑了各种可能性，得出自杀是解决问题的最好方法，明显是到了真正的绝境。我认为到了真正绝境的人，可免除“责任论证”所讲的责任；经过反复的思考，冷静地做决定，即使心中仍有怨恨，也会大大降低；能够考虑自杀对其他人造成的影响，得出整体后果是好多于坏，已经不是纯粹的为己自杀，也有利他的成分。

有什么方法能有效防止自杀呢？正如前面所言，大部分为己自杀者都以个人为重，并且以为自己已到了绝路，所以非死不可。针对第一点，可以尝试改变这种以自我为中心的人生观。至于第二点，其实很多自杀者并非真的到了绝路，可以用理性帮他们分析。愚见以为，对正想了结自己生命的人来说，理性的劝阻未必有效，倒不如引他唱歌；因为我相信音乐和歌唱是治疗绝望的良药。俗语有云：“穷则呼天地，痛则叫父母。”人到穷途的时候，自然就会说：“天啊！”人在极痛的时候，亦禁不住叫：“妈呀！”我认为可以多加一句：“绝望时则不妨唱下歌。”穷途不一定绝望，绝望亦不一定穷途。

防止自杀的方法

预防	改变其以自我为中心的价值观
劝导	理性分析
	引导唱歌

关键词再思考	利他自杀　为己自杀　自杀式袭击　生存意志　困境　绝境　理性自杀
相关篇章	《死亡》《宗教》《恐惧》

凡·高是一位不幸的艺术家，他自杀之前画了一幅画，叫作《麦田里的乌鸦》（*Wheat Field with Crows*），画中我们看到众多乌鸦在麦田拍打翅膀，试想听到这些刺耳的声音，是否就是凡·高内心的反映呢？读者不妨找来看看，感受一下这幅画是否有“绝望”的味道。

《麦田里的乌鸦》(1890)

作者:凡·高
原作物料:油彩
尺寸:51cm×101cm
现存:阿姆斯特丹凡·高美术馆

宗教

人寿保险不一定要买，
但来生保险就一定要有。

我出生于一个没有任何宗教信仰的家庭，但幼儿园和中学读的都是基督教学校。虽然听了很多《圣经》的故事和道理，但对我来说，感受最深的还是圣诞节的气氛及早会时的祷告。尤其是祷告，即使不十分了解祷文的意思，也会有一种宁静安详的感觉，仿佛在现世之外，真的有一个属灵的世界，那里的心灵正聆听着世人的祷告。

有一次，一位学生跟我讨论宗教的问题，他很惊讶我并不是他想象中的无神论者，也许在一般人的印象中，哲学与宗教是对立的。这种想法好像也有几分道理，因为哲学讲求理据，不盲从附和，怀疑是从事哲学研究的应有态度；相反，宗教是信仰，强调的是服从，怀疑正表示信心不够。其实宗教和哲学不一定有冲突，哲学家当中，既有无神论者，亦有信仰宗教之人；既有唯物论者，也有相信灵魂存在之人。

神是否存在?

对于神是否存在，基本上有三种哲学立场。

哲学立场	哲学家
有神论：有神存在，有死后的世界	苏格拉底
无神论：没有神存在，也没有死后的世界	马克思
不可知论：对神的存在及死后世界不做判定	孔子

几年前有一部电影叫作《上帝未死》(*God's Not Dead*)，故事讲述美国某所大学的一位哲学教授定下了一个规则，就是学生必须签名承认“神已死”，才可选修其哲学课，他的理由是哲学是教授不可知论，上课讨论时也不可涉及信仰。其中一位有基督教信仰的学生要挑战教授的规则，于是跟教授打赌可以证明神存在，并在课堂上跟教授进行激辩。电影讲述了这位学生凭《圣经》证明了神的存在，并得到班上同学的支持。

但我们真的可以证明神存在吗？在基督教的传统中，有三个著名的上帝存在论证，分别是本体论论证、宇宙论论证及设计论论证。本体论论证由11世纪的神学家安瑟伦(Anselm)提出，由上帝“完美”的概念推论出上帝必然存在；宇宙论论证有不同的版本，最早的可以追溯至亚里士多德，整理得最好的是13世纪的神学家阿奎纳(Thomas Aquinas)，由凡事都有原因推论出上帝是万物的第一因，又叫作“第一因论证”。设计论论证也来自阿奎纳，根据这个世界的复杂性和精密性，推论出有一个设计者，那就是上帝，又称为“目的论论证”，而这个论证的普及版则由18世纪的神学家佩利(William Paley)提出来，他以钟表有设计者为类比，推论出宇宙也有一个设计者。

本体论论证

本体论论证有不同的版本，以下是陈构得较好的一个：

1. 上帝是完美的
2. 完美的东西没有缺憾
3. 不存在是一种缺憾

}前提

因此，上帝存在 }结论

根据第一及第二个前提，推论出“上帝没有缺憾”，再加上第三个前提，就能推论出“上帝不会不存在”，即“上帝存在”。这个论证的问题出自第三个前提，康德认为“存在与否”并非事物的性质，所以这个前提并不成立。但“存在”是否为事物的性质仍是当代哲学争论的议题。

18世纪最伟大的哲学家康德对这些论证都做过严厉批评，他认为理性不能证明上帝存在。虽然在知识上不能肯定上帝存在，但在道德实践上，我们需要预设上帝存在，否则道德哲学中的“德福合一”就没有保证。

可证明神存在吗?

如果“证明”是指逻辑上的必然性的话,那么,以上的论证都是不成立的。就以第一因论证为例,在逻辑上,由每一个事物都有一个原因,是推论不出万物有一个最终的原因的;但若将第一因理解为万物的根源,反而会容易令人接受,但这就不是论证,而只是一个观点,一个值得相信的观点。如果我们真的能证明上帝存在的话,那就是“知识”而不是“信仰”了。由此可见,基督教其实十分“进取”;反观其他宗教,就很少用理性去证明神灵存在,比如说佛教并没有所谓“释迦牟尼论证”,倒是魏晋时代,道教有一位道士叫作葛洪,就试图论证神仙的存在,反驳否定神仙的说法。也许这就是东西文化的差异,西方文化有客观求真的精神,重视理性的证明,诉诸经验的证据;东方文化则较注重主体性,强调的是修炼者的体验。

有哲人指出,不能证明上帝存在并不表示上帝不存在,以为可以作此推论正犯了诉诸无知的谬误。要证明上帝不存在,需要有独立的论证。著名的有18世纪英国哲学家休谟的论证,他指出,如果上帝是全善的话,他就一定愿意阻止恶;如果上帝是全能的话,他就一定有能力阻止恶;但既然这个世界有恶的存在,即表示上帝非全能或非全善,因此基督教所讲的既全能又全善的上帝是不可能存在的。为基督教辩护的人会说,由于上帝赋予人类自由意志,所以人要为自己的恶行负责;但自然的灾害又如何解释呢?为什么上帝不加以阻止呢?也许上帝并非全能,又或者苦难对磨炼我们的灵魂有其积极意义。面对休谟的批评,我认为必须修改对上帝的看法,况且“全能”这个概念本身就自相矛盾，所以最好就是用“大能”来形容上帝，大能的意思是宇宙间能力最大的存在。

在以上的论证中，前提对结论也有一定程度的支持，尽管不是充分的支持，或是最好的论证。值得一提的还有巴斯卡的赌博论证（Pascal's Wager），它并不是用来证明上帝存在，而是试图说服我们，应该信仰上帝，因为如果上帝真的存在，信仰上帝就可得到永远的幸福，不相信的话就要在地狱受永恒之苦；而如果事实上没有上帝，信仰上帝也不会有什么重大损失。然而，大部分信仰基督教的人都不是基于这些论证，而是感动于耶稣的生平和教诲。宗教问题并非一般人的有限生命可以验证，就以佛教和基督教为例，最初都是由教主一人独力开创，后来凭着崭新的教义和个人的感召力，逐渐赢得世人的认同，才被确认为伟大的宗教。

宗教与不理性

有一种流行的见解，认为信仰宗教的人都是非理性的。首先，宗教与理性不一定有冲突，因为我们可以有理有据地相信某个宗教。有理有据地相信并不表示一定要先证明神的存在，正如前面所讲，若能证明神存在，那就叫作“知识”，并不是“信仰”。有些人将科学等同于理性，认为没有科学根据的东西就不要相信，否则就是迷信，于是无神论就代表理性，而相信宗教则是非理性，将有宗教信仰的人都看成迷信和缺乏科学精神，但我认为这种想法武断了些。

为什么会有这种想法呢？我想主要原因是现代科学讲求实证，并且预设了唯物论的立场，例如达尔文（Charles Robert Darwin）的进化论和弗洛伊德（Sigmund Freud）的心理学。而不少近代哲学家都是无神论者，并且对宗教做出严厉的批评，著名的有费尔巴哈（Ludwig Feuerbach）、马克思和尼采。费尔巴哈认为，上帝不过是人类心理的投射，一种幻想出来的东西，所谓全能全善只是理想的自我。马克思进一步认为，宗教是人民的鸦片烟，完全否定宗教的价值；弗洛伊德则说宗教是人的心理拐杖，一定程度上肯定了宗教的功能，不过，他显然认为心理学可以取代宗教。19 世纪的实证主义者孔德（Auguste Comte）虽然也不相信神的存在，但他认为宗教有其重要功能，例如用作道德指引和团结社会，所以他主张一种为无神论者而设的宗教。

虽然主流科学家多认同唯物论，但亦有不少科学家试图研究灵性的现象，例如 19 世纪末就有一位科学家叫作威廉·克鲁克斯（William Crookes），他自称借助灵媒的力量，召唤了一名叫凯蒂·金格的灵魂，并使之物质化，还拍了照片。当时有一位很出名的哲学家，叫威廉·詹姆斯（William James），也研究灵魂。跟达尔文同时代有另一位主张进化论的科学家华莱士（Alfred Russel Wallace），也号称研究灵性现象，他所主张的进化论则包含了灵性的进化。

除了批评宗教不理性之外，另一个常见的批评是只有弱者才相信宗教，例如尼采对基督教的批评就是如此。尼采的批评主要有两点，一是认为天堂的说法是用来欺骗人的，二是认为其宣扬的价值观如利他和平等，有害于生命力的提升。尼采的批评是基于其预设了唯物论的立场，将所有讲述死后世界的东西视为谎言，而将平等和利他等价值看作有害于生命力的提升，这在我看来是以偏概全。

尼采对基督教的其中两点批评

教　义	批　评
天堂和人间的二元世界观	否定现世的生命，制造天堂的幻象来骗人
宣扬平等、谦卑、怜悯、利他的价值	有害于自我实现和生命力的提升

宗教的功过

有人认为，虽然上帝不存在，但宗教还有其重要功能，就是导人向善，赋予人生意义，维系社会。古希腊的政治家克利提亚斯(Kleitias)早就说过，宗教不过是统治的手段，神灵是有智慧的人编造出来，用来约束人的行为、维持社会秩序，以弥补政治和法律的不足，也可以说，宗教只是政治的延续。前面提到，法国实证主义者孔德就试图建立无神论的宗教，也许他应该参考孔子的儒家思想，严格来说，儒家不是宗教，因为它没有肯定死后的世界，但却拥有宗教的功能。我认为，孔子其实深具这方面的知识，根据日本学者白川静的考证，孔子乃巫女之子，他说过“祭如在，祭神如神在”，却罕言

"性与天道"等形而上的事物,也不愿多谈死后的事,只想立足于现世,凭努力完成人格的修养,这也是孔子的独特和伟大之处,无须诉诸鬼神仍能安身立命。

以《自私的基因》(*The Selfish Gene*)一书闻名的作者道金斯(Richard Dawkins),在美国"9·11"事件之后,对宗教的各种错误做了一番研究,写成了《上帝的错觉》(*The God Delusion*)一书。他的结论是,如果没有宗教的话,这个世界可能会更好。其实对于宗教的恶行,包括宗教迫害、审判、战争,以及像塔利班、基地组织和"伊斯兰国"等恐怖组织,古罗马诗人卢克莱修(Lucretius)早就提出了警告。但我认为,不可以就此全盘否定宗教的价值,宗教的恶行多数源于人类的问题,而宗教之间的冲突,也未必不可以化解。大概由于太多宗教上的纷争和仇恨,有人认为倒不如放弃宗教,民国时期的教育家蔡元培也主张以艺术代替宗教。但对于人的精神需求来说,宗教毕竟还是难以完全被替代的。

宗教一定涉及神灵和死后的世界,孔德的无神论宗教注定失败,就像无神论的基督教和唯物论的佛教一样,必定是自我推翻。几年前过世的美国哲学家德沃金(Ronald Dworkin)有本书叫作《没有神的宗教》(*Religion without God*),尝试探讨一种没有神的宗教。也许这些人都是出于一片好心,想保留宗教好的东西,扬弃宗教不好的成分,例如为了神的不同名字而发动的宗教战争,或将自己以外的其他宗教说成是魔鬼的宗教等。

不过,我倒有一点同意孔德,就是像科学一样,宗教也会不断创新和进步。宗教讲述的真理亦必须配合时代,否则就难以打动人心;但随着时代的转变,宗教的历史包袱也越来越重,而且很多教义都显得不合时宜，必须做出改革才可以继续发挥宗教的指导功能。

宗教需配合时代

相信没有一个宗教像基督教般遭遇那么多批评，但这并不表示其他宗教就没有悖理之处，也许是基督教太过“进取”，以致树敌太多。事实上，一神教多是霸道、排他性强的，就举两个日常例子作为佐证。香港有一档电视清谈节目，偶尔会讲一些所谓的灵异事件，其中一集提到外国有小孩上天堂见到耶稣，节目的嘉宾是一位牧师，他就以这个为证据证明基督教所讲的天堂是事实，因为“小孩不会说谎”；但牧师却同时否定一些小孩有前生记忆的个案，这正是双重标准。又例如，有一次我去女儿学校的布道会，牧师说虽然宗教是引人向善，但只有通过耶稣才能令人生有所转变，然后她举了几个例子。但问题是相同的证据也可以在其他宗教中找到，排斥了所有不利于其自身宗教信仰的证据，变成了封闭系统。

相比之下，佛教比较宽容，较少排他性，但佛教也有其隐忧。在思想层面，佛学越来越哲学化，变成了思辨游戏，失去了实践的意义，有些人甚至视佛教的轮回和对死后世界的描述为纯粹的迷信，这种哲学化只会将我们导向无聊琐碎的哲学争论之中，而无助于发挥佛教的拯救功能。而作为宗教的佛教，也变得形式化，缺乏反省和开创的力量。

基督教的精华在于“爱”，佛教的重点就是“悟”，我期望中的宗教是能够将两者结合起来，成为一个强调“爱与悟”的宗教。未来的宗教需要将信仰跟理性和知性结合起来，这样就能化解不少宗教之间的冲突，也使宗教能够与科学相关联。

关键词再思考	本体论论证　宇宙论论证　设计论论证　唯物论　宗教的改进
相关篇章	《死亡》《自杀》《恐惧》

这是我创作的一件关于宗教的作品，叫作《挂/住》,画中的大十字架代表基督教，而小十字架则代表耶稣，至于挂在十字架上的佛珠则代表佛教。我认为这两个宗教正好互相补足，并期望它们可以引领人类文明继续前进。

题目:《挂/住》(2009)

作者:梁光耀
原作物料:油彩
尺寸:49cm×61cm

恐惧

恐惧伴随着的困难和苦痛，
正是灵魂修行的食粮。

我读小学时有两个最大的恐惧，一是恐惧测验和考试，二是恐惧被父亲打。但别误会我的成绩很差，觉得我是一个很顽皮的儿童；相反，我的名次常在三甲之内，也十分听话。被打的原因主要是父亲要拿孩子出气，所以只是一些小事也会激怒他，但我一直都不大清楚恐惧考试的原因。

后来我跟其他人说起，原来很多人也有考试恐惧症，那种恐惧感真的很深，就跟上刑场的感觉差不多。很奇怪，当你发现这种恐惧不是你所独有时，恐惧感就会降低。但如果说恐惧考试是由于可能出现的坏结果，按道理不应会那么恐惧，这种恐惧似乎是源于要好成绩的压力，而这种压力背后有着深层次的文化因素，那就是中国人讲的“万般皆下品，唯有读书高”，历经千年以来科举考试的沉淀，考试成为中国人的集体恐惧。这样说来，我恐惧被父亲打，也有着文化的成因，那就是君主专制，君主专制不但造就了政治上的暴君，也会带来家庭的暴君。

以上两种恐惧都是不应该存在的，因为它会削弱人的自主性，屈从于不合理的制度。但并不是所有恐惧都是不好的，有时恐惧能令我们免受伤害，例如对危险的恐惧，一个对任何危险都无惧的人，似乎并不值得我们效法。有时，恐惧会令我们更加谨慎和努力，避免不幸的事，例如有很多人害怕见牙医(因为修补牙齿很痛)，要避免这种恐惧，那就要天天刷牙，保持口腔清洁；又例如，我读初一的时候，发现班上有很多留级生，担心自己也有可能留级，于是十分努力读书，最后竟然考到第一名，这也可以说是恐惧带来的意外收获。

当然，跟其他小孩子一样，我小时候也会害怕很多东西，例如怕黑、怕狗、怕鬼、怕老师、怕陌生人、怕当众说话；从某种意义上，成长就是要克服这些恐惧。然而，成年人也有成年人的恐惧，例如怕死、怕老、怕生病、怕财物损失、怕一无所有。由此可见，心灵成长是没有年龄限制的。

最负面的情绪

在各种负面情绪中,以恐惧和愤怒最严重,一个人不可能长时间处于愤怒的状态,却有可能经常活在恐惧之中,看来恐惧比愤怒更具伤害性。电影《星球大战》(*Star Wars*)中的尤达大师(Master Yoda)有一名句:"恐惧是通向黑暗的道路,恐惧带来愤怒,愤怒带来仇恨,仇恨带来苦难。"将恐惧看成是苦难的源头。恐惧也有不同的形式,有因突发性事件而产生的慌张,又有不怎么强烈却长时间困扰我们的忧虑。恐惧会影响我们的身体,产生健康问题,严重的还会导致抑郁症,有不少患者甚至走上自杀之路。所以我将恐惧列于各种负面情绪的首位。

五种负面情绪

负面情绪对人有伤害性,了解它们的源头也许能避免或化解。

恐惧	源于将来可能遭遇的不幸
愤怒	源于有人犯了不能接受的错误
嫉妒	源于他人拥有我想要的东西
憎恨	源于一些对我们有害的事物
悲伤	源于失去了有价值的东西

大部分恐惧都是有害的,要想办法应对。要克服恐惧,就要先认识恐惧,了解恐惧的成因,辨别出导致恐惧的事物。正如英国的哲学家洛克所说:"恐惧是一种心病,源于我们担心未来可能遭遇的不幸。"恐惧多是关乎将来发生的事,那么,别想那么多将来的事,不就可以免除不少恐惧吗? 的确,很多时候是越想越恐惧,本来还未

发生的事,自己会不断在脑海中想象它发生的过程。当然,不去想将来可能会发生不幸的事,并不表示它就不会发生,但如果担心与否并不会影响结果的话,那担心只会徒添苦恼。比如说会考结束了,成绩还未公布,即使担心也不会改变事实,因恐惧而招致的痛苦,往往比真正的不幸出现时还要大。我想起了耶稣的这句话,"一天的难处一天当就够了",活在当下也许是减少恐惧的一种方法。

另一个减少恐惧的方法就是增强自己的力量,正所谓"力量越小,恐惧越多;力量越大,恐惧越少",小孩子特别容易恐惧,就是因为他的力量太小。如果恐惧成绩差的话,就要提升学习的能力。当然,我们也可以反过来看,不介意成绩,自然无惧于考试;没有生存的意欲,也就不会惧怕死亡。由此可见,没有欲望,也就没有恐惧,不妨在尤达大师的名句前多加一句"欲望生恐惧"。事实上,佛陀也有类似的想法:"贪欲生忧,贪欲生畏;无所贪欲,何忧何畏。"消除贪欲也就是佛教应对恐惧的一个方法。当然,人不可能完全没有欲望,所以我认为更加基本的方法是佛陀教导的禅定,觉知恐惧的存在,如实观之,可以减少恐惧的威胁。增强自己的能力就是积聚,亦有助于人获得安定感,就好像浮在水面的冰山,似乎连在大陆架上,但其实不是,它的稳定性正来自水底下的一大片看不见的冰山,比水面上看到的多几十倍,能做到安定,则无恐惧。佛陀所讲的"布施法门"之中有一项叫作"无畏施",那是助人消除畏惧,例如警察的职责是保障市民的生命和财产,从某种意义上说,从事这种工作也是一种"无畏施"。

佛教的布施

布施是菩萨六种修行法门之一，共有三种布施。

财施	施予财物，助人解除困厄
法施	讲授佛法真理，使人得益
无畏施	助人消除畏惧和忧虑，心灵安稳

若能像佛教讲的放下执着，的确能无忧无虑地生活；而道家的逍遥人生，亦有异曲同工之妙，道家的重点在于“忘”。然而，这样的人生境界并不容易达到。不过，少一点执着，多一些忘我，的确有助于培养无惧的心理状态。但对普通人来说，要应对恐惧，还需要其他方法。

不合理的恐惧

有很多恐惧只是源于对事物的无知，因此认知真相就能够有效消除恐惧，正所谓“杞人忧天”，以为天会塌下来明显是出于无知，很多人对于艾滋病患者的恐惧也是如此。以为握手也会传染，不是一样出于无知吗？还记得“非典”疫情期间，我只是咳嗽一下，旁边的人就立刻弹开，无知和恐惧可以说是最佳拍档。也可以说，这些因无知而产生的恐惧是不合理的恐惧。不过，很多时候要认知真相，得付出很大的努力。我有一位朋友十分注重饮食健康，但其实我认为他对有害食物有过大的恐惧，为了确保安全，他需要做很多查证的工作,那就要花上不少时间。我认为不一定要认清真相才可判定为不合理的恐惧,只要是没有事实根据的恐惧也算是不合理的恐惧,也就是我们不应该有的恐惧,正如亚里士多德所讲,恐惧的错误就是我们恐惧不应该恐惧的东西。有关恐惧的另一个真相就是,我们恐惧的大部分东西其实都不会发生,也可以说,这种恐惧是白费的,就好像看“鬼片”,最后竟然发现无鬼,虚惊一场。明白了这一点,有时也不妨采取置之不理的态度。不过,认知和心理往往会有差距,有时明知没有危险,但心理上还是会恐惧的,例如在安全的情况下站在很高的地方。有时在确保安全之下,我们甚至可以享受恐惧带来的快感,例如有人喜欢玩蹦极,我以前也十分喜欢看恐怖电影,可以有助于释放积压在内心的恐惧。

除了没有事实根据的恐惧之外,源于错误价值判断的恐惧也算是不合理的恐惧,例如前面我提到初一时对留级的恐惧,就是因为我将留级视为耻辱,但这明显是错误的价值判断,也夸大了问题的严重性。的确,那些所谓的不幸很多时候都被我们夸大了,例如会考考不上人生就会完蛋,还有失恋、失业、患病等,常常给人世界末日的感觉,但只要想象一下比这些更不幸的事,想一想人生其实并不完美,到处充满缺憾,那就可以对这些不幸处之泰然,没有什么可以恐惧了。但夸大问题严重性的背后往往有着强求完美的心态,吊诡的是,这种心态会令我们不愿意尝试追求,因为既然不能确保完美,那为什么要做呢?我认识一位朋友,差不多50岁了,他对很多事都规划得很好,包括工作、健康和退休的生活,却从未谈过恋爱,但又经常跟我谈将来的结婚对象要怎样、婚后的生活要怎样安排等话题,我也劝他应该尝试一下恋爱,但我看他的问题正是因为不能确保完美而不愿尝试追求对象。

有一些恐惧是源于胆怯或懦弱，特别是恐惧失败，那么，我们需要的就是勇气。小时候我害怕当众说话，但不知为什么，有一次竟然被老师选中外出参加讲故事比赛，当时真的害怕极了，心想如果有台风之类的事发生就好了；然而，经过那次之后，我就不再那么恐惧当众说话了。所以，培养勇气的方法就是要做自己害怕的事。恐惧失败令我们不敢尝试，虽然我们因此不会失败，但也无法成功，正所谓“失败乃成功之母”，要成功就先要失败，吸取失败的教训，改进自己才可获得成功。这样看来，最失败的人生就是从来没有失败过，因为没有做过尝试。其实害怕失败，跟强求完美一样，都有同一个源头，那就是以自我为中心，所以多了解一点这个世界，关心其他人，也可间接减少恐惧。

接受失败的勇气亦即忍耐，爱迪生忍耐了无数次的失败，才成功发明电灯泡。要培养勇气，除了做自己害怕的事之外，也要有明确的目的。举个例子，比起考场，战场是一个真正令人心生畏惧的地方，但若怀着保卫国家的明确目的，则会勇气大增。老子也说：“慈，故能令人勇。”子女有生命危险时，父母为了保护子女，往往会产生很大的勇气，甚至有异于常人的力量。

恐惧还有什么不好呢？恐惧会产生迷信，例如恐惧“13”，认为

培养勇气的方法

做自己害怕的事	很多时候都会发现并没有想象中困难
要有明确的目的	那就不会惧怕困难，勇往直前
发展慈爱之心	那就不会计较个人的得失

这个数字会带来不幸,我发现现在很多大厦都没有 4 楼和 13 楼,也没有第 4 座和第 13 座,可见迷信的力量,而且感觉在这方面是越来越迷信,我记得小学时居住的地方正是 13 座 4 楼。英国哲学家罗素认为,基督教正是建基于恐惧的宗教,因为不相信上帝就得在地狱受永恒之火的惩罚。罗素指出,对舆论的恐惧会妨碍个人的自由发展,一个人要发展自我,可能会跟社会流行价值观发生冲突,甚至影响人际关系;但若选择迎合大众,则需要放弃宝贵的自我,这似乎是一种两难。所谓"人言可畏",舆论的确会对人造成很大的压力,有人甚至会顶不住压力而自杀。不过,庄子有一个观念叫作"外化而内不化",可能会有助于化解这种两难,"外化"就是言行上跟社会规范不相违,与人能够和睦相处,正如庄子所说:"不谴是非,以与世俗处。"既能顺从于人,这就是"外化";但亦可保持自我,这就是"内不化"。

外、内的化与不化

	化	不 化
外	与世无争,随遇而安	坚持己见,不惜与人决裂
内	跟着别人走,完全丧失自己	保持内心的真实

逃避自由

我们可以将恐惧分为两种:一种是有明确的恐惧对象,即使是幻想出来的，例如鬼怪；另一种则没有，例如在《死亡》那一章中，我们讨论过有一种对死亡的恐惧是源于意识的消失，有时我们正在欣赏美丽的风景，也会有一种莫名的恐惧，或许这就是虚无的侵袭，但虚无并非一个具体的对象。有些恐惧的对象是可以逃避的，例如猛兽、恶狗和恶人；有些则是不可能逃避的，例如衰老、疾病和死亡。要逃避无法逃避的事是不明智的，因为你迟早会面对，而且这种恐惧可能一直潜藏心底，平时无法察觉，但它会不断壮大，到有特定事件出现，引发出恐惧就太迟了。

恐惧的分类

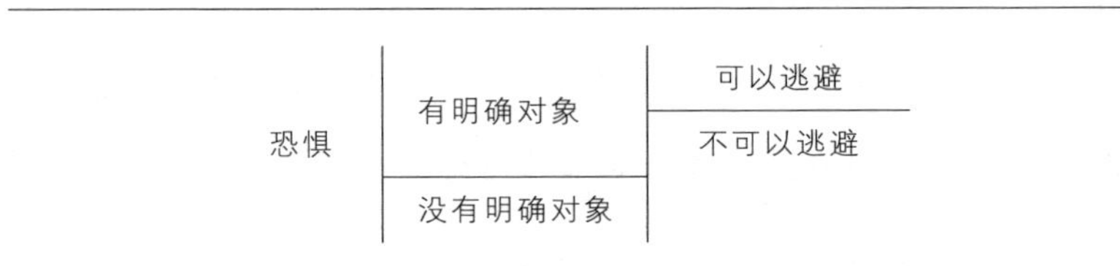

有人说20世纪是心理学的时代，其实也可以说是恐惧的时代，这可以从主观和客观两方面来讲。主观心理方面，由于现代社会强调自由，人的自主性大增，人对自己的期望也越大，相对地，遭遇挫败的机会也越高，因害怕达不到目标而产生大大小小的恐惧。自由选择带来恐惧还有另一层意思，当我选择了这个，就等于放弃了另一个，但可能另一个有更高的价值，说不定我们一选择就会后悔，因此害怕选择。20世纪初的著名心理学家弗洛姆(Erich Fromm)写了一本书叫《逃避自由》(*Escape from Freedom*)，就是想说明这种从传统和习俗中解放出来的自由令人没有安全感，反而助长了独裁的纳粹政权；因为自由选择就表示要负起责任，由此带来压力和恐惧，所以要逃避自由。20世纪初出现的存在主义就对人的恐惧和焦虑有深入的剖析，而被誉为存在主义之父的祁克果，写了一本书叫作《致命的疾病》(*The Sickness Unto Death*)，虽然这种致命的疾病是绝望，但书中对人类的恐惧和不安有很透彻的分析，预见了20世纪人类的精神状况。

自由选择的恐惧

选择就意味放弃其他可能性 选择的目标不一定能够实现 选择要承担责任	▷	带来压力、恐惧和不安

客观环境方面，远的有环境污染的问题，近的有恐怖主义的袭击，而且还随时面对核战争爆发的危机，最近几年就连异常的天灾也特别多。“9·11”事件之后，美国民众对心理医生的需求大增，但心理辅导真的可以消除恐惧吗？我倒是十分怀疑，我以为这更应是一个用思考就可以解决的问题。我认为，不要太依赖心理医生，应该学习思考，用思考来解决问题，这才是比较彻底的做法。当然，在思想层面解决恐惧并不表示在心理层面就不会感到恐惧，因为恐惧是本能性的反应。

集体的恐惧

恐惧不只是个人的，也可以是集体的。记得十多年前，香港就出现了一次全港性的恐惧，那时“非典”爆发，所有人都戴上了口罩，活在随时有可能被传染的恐惧之中，而不戴口罩的人，甚至会被批评为缺乏公德心。现在回想起来，全民戴口罩实在是一种奇景。至于全球性的恐惧，恐怕目前第一位的就是对恐怖主义的恐惧，第一，恐怖主义袭击越来越多，也越来越分散，连我居住的香港地区也有可能是袭击的对象；第二，恐怖主义袭击可以没有特定的对象，这样就营造了一种无处不在的恐惧感；第三，越是反恐，恐怖袭击就越多。有时真的很难相信，会有孕妇在身上绑炸弹，然后冲入购物商场引爆。为什么施袭者会不惜毁掉自己的生命来杀害无辜的人呢？那当然是为了复仇，但仇恨的来源呢？这不就是长期以来西方国家对伊拉克、伊朗和阿富汗等国家施以不公平的对待所引致的愤怒吗？有时我想，有些国家绕过半个地球去干预别国的文化和宗教，甚至带去军队，难道不是先给他人制造恐惧吗？从这个角度看，恐怖袭击所带来的恐惧正是“恐惧的回赠”。当然，我不是赞成恐怖主义的报复行为，但从世界各地竟然有不少人加入“伊斯兰国”的军队，就足以推测背后有着更多人支持这个恐怖组织，也反映出西方国家的做法有其不合理之处。

或许对某些人来讲，对恐怖主义的恐惧还是不大切身，无关痛痒，不如谈一谈本地人的恐惧和不安吧。近年香港的楼价不断飙升，即使政府推行了所谓压抑楼价的狠招。当然，影响楼价的因素有很多，但我认为一个根本原因就是缺乏退休保障，于是不论能力是否足够，大家都要拼命买楼，有的是为了保值，因为恐惧未来的生活没有保障，有的是为了自保，因为恐惧未来没有栖身之所。相比之下，西欧和北欧国家的人民一般都生活得很惬意，原因之一就是他们有较完善的退休保障，就以德国为例，大部分人 60 岁会退休，然后可以拿到的年金为薪水的 50%，这样只要有工作，他们就不用太忧虑退休后的生活。我认为，如果像香港这样一个繁荣的地区，有人努力工作了一辈子，退休后竟然要为生活担忧的话，那就肯定不是公正的社会。当然，外在的形势通常都很难改变，莫说是环境污染和战争的威胁，就连退休保障争取了这么多年差不多还是原地踏步的状态。要减少恐惧，还得从主体入手。不过，从另一个角度看，恐惧带来的不安和痛苦，可以令我们感到活着的真实性，也许更重要的是如何将这种不安转化为生存的力量。

关键词再思考	心灵成长　安定感　强求完美　恐惧失败　逃避自由　恐怖主义
相关篇章	《死亡》《自由》《宗教》

最能表达恐惧这个主题的作品恐怕非蒙克(**Edvard Munch**)的《呐喊》(***The Scream***)莫属，这是表现主义的风格，画中的人物因恐惧而变形扭曲，用双手掩着耳，张大口吼叫，加上强烈的对比色彩、波动的线条和斜线对角的构图，形成了一幅紧张得令人窒息的画面，仿佛真的可以听到画中人物的无声呐喊，这正反映出现代人的高度焦虑和恐惧。

《呐喊》(1893)

作者：蒙克
尺寸：74cm×91cm
现存：奥斯陆蒙克博物馆

后记

正如前言所讲，全书十二篇可分成三组，思考、学习、语言和时间一组；人生、自我、自由和善恶一组；死亡、宗教、自杀和恐惧一组。而每组有一篇主题文章，那就是思考、人生、死亡这三篇，对应着思、生、死三个最基本的重要问题，用李天命先生的说法，就是“如何思考得确当灵锐”“如何生存得愉快而有意义”“如何可以面对死亡而不失宁定安然”。

最后以下面三句话结束本书：

1. 思者，爱也。

2. 生者，寄也。

3. 死者，归也。

2017 年 5 月 5 日

梁光耀书于澳门